心一堂彭措佛緣叢書・索達吉堪布仁波切譯著文集

《讚戒論淺釋・
智者走向解脫之教言》講記

托嘎如意寶　原著
堪布索達吉仁波切　譯講

書名：《讚戒論淺釋‧智者走向解脫之教言》講記
系列：心一堂彭措佛緣叢書‧索達吉堪布仁波切譯著文集
原著：托嘎如意寶
譯講：堪布索達吉仁波切
責任編輯：陳劍聰

出版：心一堂有限公司
地址/門市：香港九龍尖沙咀東麼地道六十三號好時中心LG六十一室
電話號碼：+852-6715-0840　+852-3466-1112
網址：www.sunyata.cc　publish.sunyata.cc
電郵：sunyatabook@gmail.com
心一堂 彭措佛緣叢書論壇：　http://bbs.sunyata.cc
心一堂 彭措佛緣閣：　　　　http://buddhism.sunyata.cc
網上書店：　　　　　　　　　http://book.sunyata.cc

香港及海外發行：香港聯合書刊物流有限公司
地址：香港新界大埔汀麗路三十六號中華商務印刷大廈三樓
電話號碼：+852-2150-2100
傳真號碼：+852-2407-3062
電郵：info@suplogistics.com.hk

台灣發行：秀威資訊科技股份有限公司
地址：台灣台北市內湖區瑞光路七十六巷六十五號一樓
電話號碼：+886-2-2796-3638
傳真號碼：+886-2-2796-1377
網絡書店：www.bodbooks.com.tw
台灣讀者服務中心：國家書店
地址：台灣台北市中山區松江路二〇九號一樓
電話號碼：+886-2-2518-0207
傳真號碼：+886-2-2518-0778
網絡網址：http://www.govbooks.com.tw/

中國大陸發行‧零售：心一堂‧彭措佛緣閣
深圳地址：中國深圳羅湖立新路六號東門博雅負一層零零八號
電話號碼：+86-755-8222-4934
北京流通處：中國北京東城區雍和宮大街四十號
心一店淘寶網：http://sunyatacc.taobao.com/

版次：二零一五年六月初版，平裝

定價：　港幣　　九十八元正
　　　　新台幣　三百九十八元正

國際書號 978-988-8316-55-7

目錄

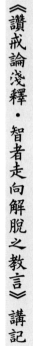

《讚戒論淺釋‧智者走向解脫之教言》講記

目
錄

讚戒論講記

托嘎如意寶　釋

索達吉堪布　譯講

頂禮本師釋迦牟尼佛！

頂禮文殊智慧勇識！

頂禮傳承大恩上師！

　　無上甚深微妙法，百千萬劫難遭遇，

　　我今見聞得受持，願解如來真實義。

為度化一切眾生，請大家發無上殊勝的菩提心！

第一課

　　宣講戒律之前，首先要知道守戒的功德和破戒的過患，為了了知這些道理，下面開始宣講《讚戒論》。

　　我們原來說要講《讚戒論》頌詞，後來我想了一下，決定講《讚戒論淺釋》，因為這部《淺釋》是法王如意寶的上師托嘎如意寶造的。托嘎如意寶一生雖然一直在講經說法，但留給後人的只有這一部論典。這部《讚戒論淺釋》比較略，但其中引用非常多的教證和理證，宣說了持戒的功德和破戒的過患，甚至對身穿紅黃法衣的功德，也引用非常好的教證作了說明。

1

宣講這部論典可能需要半個月的時間。法王如意寶在2000年講過一次，在座的很多人有沒有傳承也不知道。當時法王每天講得比較多，但有時候沒有詳細解釋。這次我也不一定在講義上作詳細解釋，只是大概指點一下，希望對你們以後自己理解有幫助。

大家都知道，《讚戒論》頌詞的作者是鄔金丹增諾吾，他是華智仁波切的四大弟子之一，也是講經說法最絕妙的一位大弟子。以前我作過一個鄔金丹增諾吾的略傳，相信大家看了以後一定會對他生起信心，他一生中宣講《入菩薩行論》二百多遍、《入中論》十九遍、《經莊嚴論》三十九遍……我們有些人可能看這麼多遍也是很困難，《讚戒論》的頌詞就是他老人家作的。

而《讚戒論淺釋》則是托嘎如意寶作的。對於托嘎如意寶，現在的歷史書當中介紹得不多。以前我們講的時候，我曾到法王如意寶面前親自詢問過，之後對如意寶當時的年代以及他老人家的教言，大概作了一個略傳。

希望大家首先對作者是什麼樣的人有所了解。法王如意寶前段時間也講過：不管念什麼經學什麼法，首先應該認識作者。沒有認識的話，也就無法了知是凡夫的語言還是聖者的語言。這方面的確有差別，因此，希望大家一定要看一下兩位大師的簡介。

大家都知道，在座的人雖然有機緣在法王如意寶面

第一課

前聽經聞法，但在上師的上師面前從來沒有求過法，如果真有這種機會，可能大家會特別高興。但實際上師的上師來也是傳這些法，除此以外沒有其他加持和攝受的方法。為了結上善緣，這次還是講托嘎如意寶的教言，這也是法王如意寶給我們親自口傳的，中間只間隔了一個人，所以我想還是學習一下這部《讚戒論淺釋》。

作為凡夫俗子，尤其現在末法時代，很多人可能在戒律方面守得不是很好，有些雖然沒有破大戒，但是自己在一些詳細取捨上非常模糊；有些雖然別解脫戒還算不錯，但對菩薩戒和密乘戒守起來非常困難；有些菩薩戒和密乘戒守得稍微好一點，別解脫戒守持不一定很好。末法時代的眾生，真正說起來，的確是生起厭煩心的對境。希望所有的四眾弟子，相續中有戒律不清淨的地方，盡量在上師三寶面前懺悔，發願得以清淨。

有一個喇嘛說：我現在不想聽戒律，戒律當中這也不行那也犯戒，心裡一直生厭煩心，乾脆我斷了傳承……。有些愚笨的人，自己有些地方做不到的時候就生起厭煩心，根本不想懺悔，既不想學也不想聽，這樣不好！

眾生的根基各不相同，真正用別解脫和菩薩戒來衡量時，可能與其他法稍有不同，尤其講菩薩戒和密乘戒，戒條非常多，好像這也違犯、那也違犯。所以，現在雖然有很多人受戒，但受戒以後很可能生起厭煩心。

《讚戒論淺釋·智者走向解脫之教言》講記

不管怎麼樣，希望未受戒的人不必害怕，以前釋迦牟尼佛為什麼講沙彌十戒呢？因為講比丘的二百五十三條戒時，很多人特別害怕，不願意受戒，於是釋迦牟尼佛說：你們不用怕，先守沙彌的十條戒也可以。所以，有些未受戒的人不敢受，受了戒的人特別傷心……這些都沒有必要。大家先知道如何取捨，像我們的上師托嘎如意寶和法王如意寶都是戒律非常清淨的。作為我來講是非常慚愧的，不知道你們怎麼樣？不論如何，我們一方面應該發願生生世世成為清淨戒律的修行人，一方面以正知正念守護自己的三乘戒律。以這樣一種目的，大家如理如法地聽受。

「十方剎土之中佛佛子，印藏賢哲根本傳承師，一切本尊護法如海眾，恭敬頂禮祈禱賜吉祥。」在所有十方諸佛菩薩、印藏的高僧大德、傳承上師以及如海般的本尊護法眾面前，恭敬、頂禮、祈禱，希望賜予一切吉祥！

大家應該這樣觀想，我最近也非常擔心：在講經說法的過程中會不會出現違緣？其他違緣我們也不在乎，但聞思修行不能善始善終是一種最大的違緣。因此從今天開始，大家一定要好好地祈禱護法神，多念一些「智波格熱①」，希望遣除自己聞思修行的一切道障。

「此處當盡己慧以略語，明釋三戒律儀之要義，如

理取捨鮮明之教言。」托嘎如意寶說：在此處，當盡己之智慧，簡單宣說三律儀的要義，以及如理取捨的教言。

下文當中，實際主要以別解脫戒為主，其他內容講得不是很廣，只對密乘戒中毀壞明點等幾個道理作了一些宣講。

「因吾劣意淺學之過失，若有未證邪證之詞句，本尊智者師前誠懺悔。」托嘎如意寶很謙虛地說：因為我的智慧低劣淺薄，釋文中若有未能真正通達或者理解錯謬的詞句，我在智者本尊面前誠心懺悔。

以上分別作了禮讚、立誓、懺悔三個方面的偈頌。接下來在這裡宣說所講之法，也即一切諸佛之遺蹟、一切善妙功德之基礎、所有二障垢染之對治、珍愛佛教及欲使閒暇人身有意義者之無上津梁——讚戒論。

此論分三：甲一、題目及造論分支——初善首義；甲二、著重讚頌二種福德與勸勉守戒——中善論義；甲三、祝願祈請造論者暫時與究竟一切所願稱心如意——尾善末義。

甲一（初善首義）分二：乙一、宣說題目；乙二、造論分支。

乙一、宣說題目：

「讚戒明辨取捨論」，其中對「取捨」二字講得非常清楚。

《讚戒論淺釋・智者走向解脫之教言》講記

下面解釋它的含義：高度讚揚一切功德之基礎戒律如意寶，使智者心目中明確了知應取持戒之功德、應捨破戒之過患，這就是本論所講的內容。

所謂命名的必要，總的來說，佛經云：「若不取名稱，世間皆迷蒙，故佛巧方便，諸法立異名。」分別來說，利根者依靠名稱即可了知意義，中根者依此可知所講的大概內容，劣根者也可以通過名稱了知法本放於何處，具有諸如此類的諸多必要。

乙二（造論分支）分四：丙一、唯有善知識方可開示斷絕暫時與究竟惡行之聖道而主要讚其慈悲功德；丙二、思維利害顛倒、愚昧無知之眾生而斷除傲慢；丙三、頌揚無垢律經為本師與教法而心生歡喜；丙四、以欲學淨戒之發心宣講攝集一切善妙功德之戒律而立誓。

丙一、唯有善知識方可開示斷絕暫時與究竟惡行之聖道而主要讚其慈悲功德：

只有善知識才可以開示如何取捨的道理，所以首先讚歎上師及其相續中的慈悲功德。

慈悲主尊一切上師知，願速救脫非理作意途。

唉自無始熏習邪道者，如我濁人之行心生厭。

所謂的上師知，也就是藏文中經常說的「喇嘛欽」，現在國內外都翻譯為上師知、上師知。實際這種翻譯有一點問題，因為「知」僅僅是一種了知的含義，真正在藏文上，祈求上師您一定要觀照我、一定要垂念我、我的所

作所為全部由您老人家來指揮，有這樣一種含義。喇嘛欽中的「欽」字，有他動和自動的差別，漢文中的「上師知」不具備這種強大的力量。

頌詞中說，慈悲的怙主上師，您老人家一定要垂念我們，希望在很快時間中，從一切非理作意的途徑中獲得解脫。為什麼呢？無始以來熏習邪道的這些人，如我一般濁世之人的行為，真的很讓人生起厭煩心。

像丹增諾吾那樣大智者的行為，可能沒什麼生厭煩心的，但是現在濁世眾生的這些行為，比如對我來說，口頭上給大家講經說法，實際自己不論悲心、智慧哪方面的功德都沒有，這種人講經說法的話，自己也對自己生起厭煩心。有時候我也想：還是到寂靜的地方修行，像我這樣的人給別人講經說法……。但有時候也覺得：現在的人喜歡一些假的，通過這種講經，他們會不會逐漸明白一些佛理？如果能夠明白也是可以的……

此處，尊者非常謙虛地說「如我濁人」，實際以他老人家來比喻非常不值得，我們每個人觀察一下自己的行為，也許真正會對自己生起厭煩心。

諸佛初中後一切功德之因——菩提心之根本大悲心，從心坎深處對待一切眾生如同獨子之母，令其相續中真正生起增上生和決定勝的根本慈悲大主尊，如善妙親友般的一切三恩德殊勝上師，一定要垂念我、觀照我，我以恭敬誠信之心一緣專注祈禱。

《讚戒論淺釋・智者走向解脫之教言》講記

悲心是初中後一切善妙功德之因，《入中論》云：「悲性於佛廣大果，初猶種子長如水，長時受用若成熟，故我先讚大悲心。」月稱菩薩說，悲心是廣大佛果之因，最初如種子，中間如水，最後可以成熟一切善根，所以我不讚歎諸佛菩薩，而是讚歎諸佛菩薩的因。當然，對因作讚歎，實際也是在讚歎果。月稱菩薩在《入中論自釋》裡面引用了很多教證來說明，有些婆羅門教在滿月時不會頂禮，在三十號卻會對月亮頂禮，所以，讚歎因也可以得到中間所有的功德。

如何慈悲呢？頌云：「如母於病兒，特別覺疼愛，如是諸菩薩，特意愍惡者。」就像母親對患病的兒子特別慈愛一樣，菩薩對可憐的眾生更加慈悲。凡夫眾生一切罪過的根源，就是淨樂我常的非理作意。因此，我們應祈禱諸佛菩薩上師，急速救護自他一切眾生擺脫顛倒劣道，以及想要解脫者從魔障違緣唯一之門非理作意的歧途中獲得解脫。藏文中的「讓」字只是一種附加義。也就是說，去除淨樂我常和祈禱獲證菩提是一個意思。《寶性論》云：「淨樂我常者，究竟功德果。」

對於總的三有、分別的一切器世間的所有顯現，從內心深處生起厭離而發出感歎：「唉……」見到無始以來以惡習薰染自相續、像我這樣濁世眾生的行為，真是生起厭煩心。作者首先用「唉」的悲憫語氣表達了自己內心的感受。

法王如意寶以前講過：托噶如意寶根本沒有參考任何書，很多文字都是直接寫下來的。他老人家的智慧很不可思議，對於每句話都引用了非常適合的教證進行說明。下面又運用教證講到了心生厭離的含義。

　　如頌云：「於凹凸器世生厭離，於諂誑有情生厭離。」見到凹凸不平的器世界——經堂中滿是灰塵生起厭離心，對於具有諂誑心之有情的行為也生起厭離心。

　　如何生起厭離心呢？自己及與自己相同的眾生，從無始以來不斷漂泊於輪迴當中，因無明、邪見而於層層黑暗籠罩的三有中反覆薰染惡習。《百業經》的很多公案都講過：眾生無始以來一直漂泊在輪迴當中。《俱舍論》當中也是這樣講的，輪迴中的眾生在無色界中入定過八萬劫，之後又開始轉生，具有十分強烈的分別念。

　　有些人說：「我現在一直坐禪，不想念咒，可不可以？」這樣的坐禪沒有一點意義，就像無色界一樣。我以前說過很多次，有些人對該修的《大圓滿心性休息》、念咒語等根本不願意做，整天都是所謂的坐禪、坐禪……無色界眾生在八萬劫當中一直入定，還有些修持滅盡定、無想定，出定之後，分別念還是與以前一樣。

　　所以，按照《俱舍論》的觀點，我們以前已經轉生過無色界，現在還是同樣的……你們有些根本不具備禪定竅訣的話，光是這樣入定到底有沒有意義？想到這些

的時候，真是生起厭煩心。

正如略疏中所說「惑時壽見眾生濁」，這裡講到煩惱、時間、壽命、見解和眾生五濁，也即煩惱非常深重，時間越來越不好，壽命越來越短，見解都是一種邪知邪見，眾生的根基也是越來越差，所以稱為五濁。思維如我一樣的五濁惡人之行為，猶如狂風暴雪般熾盛，從而自心生起厭離：從現在起乃至菩提果之間，誠心誠意完完全全唯一依靠究竟皈依處上師您。

上師就是最殊勝的福田，《密集續》云：「十萬劫佛陀，當知不比師，諸劫一切佛，皆由依師成。無有上師前，成佛吾未說。」十方一切佛陀也不能與上師相比，因為所有佛陀都是依靠上師而成就的，無有上師也就無有所謂的佛陀。這裡是分別而言的，並不是從總的角度宣說。每一位佛陀都需要依靠善知識，最初當然有自然成佛的，但後來所有的佛，比如釋迦牟尼佛以前是如何依止上師的，大家都非常清楚。

丙二、思維利害顛倒、愚昧無知之眾生而斷除傲慢：

具相師前已受利樂源，如同珍寶瓔珞美飾戒，

然換一碗豆粉許驟樂，如此嚴重愚昧誠可笑。

在具有法相的善知識面前，雖然已經受了如意寶般一切利樂功德之源泉的戒律，但愚昧無知的眾生將它換成一碗豆粉般暫時的安樂，如此嚴重的愚昧行為真是非

常可笑！

每位上師講經說法的傳統各不相同，有些上師大概講一講總說，有些上師詳詳細細地講。比如宗喀巴大師經常會對每個字一一解釋，無垢光尊者完全不同，他經常引用一個教證之後，根本不解釋；解釋講義也只是講一下大概的意義。麥彭仁波切在專門解釋《如意寶藏論》的一個概要中說：全知無垢光尊者雖然在解釋方法方面比較略，但在真實本意上與普賢如來無有差別。

托嘎如意寶在這裡，就像宗喀巴大師一樣，解釋得比較詳細。

下面首先解釋頌詞中所說的「具相」。對於上師的法相，在別解脫、菩薩乘以及密乘中，法王如意寶曾分別講過是如何安立的，大家應該記得很清楚。

一切經續中所宣說的具相引導者善知識的法相：別解脫中《三百論》云：「具戒了知律儀軌，悲憫病人眷清淨，勤以法財饒益眾，如此上師當依止。」小乘上師的法相，具有戒律、了知戒軌，慈悲病人、眷屬清淨，經常作財布施和法布施。其中財布施不是很重要，最主要是法布施。對於這種上師應該依止，也可以在他面前求戒律方面的法。

菩薩乘《二十頌》云：「具戒慧力上師前，應當受持菩薩戒。」具有清淨菩薩戒律、智慧和攝受弟子能力的上師面前受菩薩戒。密宗《道次第論》云：「示道具

藏圓灌頂，具傳精通續事業，竅訣暖相共八種。」具有
示道能力；相續中具有大悲空性藏，也即已證悟者；灌
頂圓滿；傳承清淨；精通續部；精通事業；具足攝受弟
子的竅訣；自己有一定的成就暖相，總共講了八種上師
的法相。

　　依止這樣的上師做什麼呢？應該在這樣的堪布上師
面前受持一切功德之基礎的戒律學處，之後謹慎護持如
精美的珍寶飾品一般。

　　釋尊也說：「淨水沐浴商主子，瞻蔔花鬘塗妙香，
繫於彼者之頭上，極其悅意倍莊嚴。如是具足淨戒者，
多聞淨戒皆圓滿，具有功德諸佛子，身著袈裟更莊
嚴。」王子沐浴以後，於頸項上佩帶花鬘非常莊嚴，具
有清淨戒律、廣聞多學之人，穿著袈裟也是非常莊嚴。

　　《起現經》中云：「世尊賜教言，戒為我莊嚴，塗
上戒芳香，金寶之耳飾，愚者有何用？」佛陀說：在我
的佛教中，最莊嚴的打扮就是清淨戒律，如果具足清淨
戒律的芳香，普通的金銀耳飾、鼻飾等，只是愚者的一
種行為，有什麼用呢？世間人特別喜歡用金銀珍寶等作
為首飾，而出家人對這些都應該捨棄，只有清淨的戒律
才是出家人最莊嚴的飾品。

　　又經中說：「如於屍頭頂，裝飾金花鬘，無戒著袈
裟，見後不生信。」比如在一具屍體的頭上用各種花鬘
來裝飾，一點也顯不出莊嚴，同樣的道理，不具足戒律

第一課

的人穿著袈裟，見到以後也不會生起信心。華哦論師說：「所謂離患勝莊嚴，淨戒乃為勝莊嚴，如此莊嚴無遺失，無畏無奪之莊嚴，故當護持此淨戒。」《辯答寶鬘論》中說：「何為最勝美妙之莊嚴？即是清淨圓滿之戒律。」因此說，戒律是自他一切眾生暫時利益與永久安樂的殊勝源泉。

在法王如意寶的傳記中說，他老人家在印度時曾轉生為阿羅漢薩革拉。薩革拉所作的《花鬘論》，是現在學院戒律班的主要課程，以前益西彭措堪布可能給你們講過。其實我一開始想重新翻譯《花鬘論》，但是裡面對比丘尼的戒條講得不是很廣，再加上內容比較多，又不牽涉菩薩戒和密乘戒。我想作為學大乘的人，不僅小乘戒，還有菩薩戒和密乘戒都應該比較圓滿地學習，所以戒律方面，主要以《三戒論》為主。

薩革拉在《花鬘論》中說：「極讚財圓滿，轉生妙天界，獲等持出離，此戒果廣大。」如同珍寶瓔珞一般的戒律極為難得，最初應恭敬受戒，得戒後則應如同守護如意寶般，以正念正知不放逸護持，以恭敬心恆常精進守護。然而，末法時代的形象出家人，將如意寶一樣珍貴的戒律，換成無有實質、容易毀滅的，猶如一碗豆粉一樣瞬間歡愉感受的境識樂觸，如此嚴重的愚昧無知者，實在應該感到慚愧，這種行為也是十分可笑。

如頌云：「某地愚牧童，無價如意寶，兌換三碗

《讚戒論淺釋・智者走向解脫之教言》講記

飯。」有些地方的愚童在得到如意寶的時候，因為飢餓而將之換成三碗飯，非常可惜。所以不管出家人還是居士，想要獲得功德，必須具足清淨的戒律，應該了知戒律的功德和破戒的過患。

此處直接表達了作者對這種行為感到十分遺憾，間接也指出，現在這些眾生非常難以調伏。

對於男女不淨行之樂觸無有實義之理，通過佛經教證可以說明。經中說：「依靠貪欲不淨行，如同羅剎食肉女，以及醜女皆能作，一切黃牛與驢馬，豕犬狐狸及駱駝，大象羊隻悉亦可，智者斷除諸貪欲。」這樣的不淨行，即使非常愚笨的眾生也可以行持，吃肉的羅剎女以及醜女等都可以做，一般的旁生如騾、馬、豬、狗、狐狸等也可以做，所以諸位智者應該斷除貪欲。「依貪摧毀清淨戒，廣聞布施苦禁行，恆時放逸增罪業，故欲解者捨女人。」依靠這樣的貪欲，清淨的戒律、廣聞博學以及苦行禁行等，全部都會失毀。

作為男眾出家人，首先應該捨棄女人，不然，作為凡夫人遇到這種對境的時候，非常難以制止。作為女眾出家人和女眾守戒者，也應該遠離男眾。托嘎如意寶當時的很多弟子，主要以男眾為主，因此下面專門引用很多無垢光尊者的教言，講了女人是禍害之根本因。這裡面的教證，以前益西彭措堪布在《走向解脫》裡面也引用了。當時我想不翻譯，怕很多女眾生邪見，不願意

第一課

學。後來我想：這一點都不能接受的話，還算什麼出家人。你們女眾可以把女人改成男人，因為從身體和貪心的本質來講，二者沒什麼差別。我有一次對女眾有點不高興，當時說：「你們女眾特別特別壞，為感情自殺的現象也是非常多……」但是昨前天，聽說90年代非常有名的張國榮也是為了感情自殺了，所以說男人也有很多過失。

托嘎如意寶當時的所化眾生，主要以男眾為對境，說了很多女人的過失。像真正托嘎如意寶和法王如意寶那樣戒律清淨的話，恐怕很困難，但是自己通過這次聽聞戒律，該懺悔的應該懺悔，該恢復的應該恢復，以後一定要守持清淨的戒律，這一點非常重要。

又說：「貪欲無常恆受責，極其痛苦滅安樂，在家諸惡趣之因，愚者恆時依貪欲。」彌勒菩薩也說：「蓮花出淤泥，最初極悅意，後不歡喜彼，喜貪亦如是。」蓮花在淤泥中剛剛綻放的時候，令人非常歡喜，但所謂的蓮花也是有為法，逐漸枯乾以後，誰都不會喜歡。同樣，人們最初覺得感情的樂受非常美好，隨著年齡或者智慧的逐漸增長，所謂的貪欲也如同蓮花一樣，會漸漸衰敗。《四百論》云：「犬等亦所共，惡慧汝何貪。」對於不淨行等，是豬狗等愚笨旁生也可以行持的，你們這些無有智慧的人，為什麼還要貪執世間這些低劣的行為呢？對這些道理應該好好思維。

第二課

丙三、頌揚無垢律經為本師與教法而心生歡喜：

托嘎如意寶安立的科判，有時候文字比較多，基本上將頌詞的大概意思都講了。此處在未正式宣講論義之前，首先讚歎戒律既是釋迦牟尼佛也是佛法，大家應對受持別解脫戒生起歡喜心。

一切稀有增上定勝因，無垢律藏之別解脫戒，

佛說此乃佛陀與佛法，世尊悲憫此戒留人間。

所有稀有的增上生和決定勝之因，就是無垢律藏當中的別解脫戒，這是釋迦牟尼佛宣說的。本論後文也講到，契經或對法只能代表佛法，不能代表佛陀，而律藏既可以代表佛陀也可以代表佛法，因為依靠它可以約束眾生的行為。佛陀曾親口說：三藏中的戒律，與我佛陀無二無別，它可以代表一切佛法。所以，在共同所化眾生面前，佛陀雖然已經顯示涅槃，但是代表佛陀和佛法的戒律仍然留在人間，對此應生起歡喜心。

在自相續中，哪怕一個皈依戒以上，都屬於一種戒律。《大圓滿前行引導文》中也講：「何人皈依佛，彼為真居士……」所以我想，哪怕是今天新來的一個人，相續中只有皈依居士戒存在，也可以稱為別解脫戒。

法王如意寶經常講：不管在家人、出家人，自相續中最少應該有一個居士的戒律。所以，不管比丘、比丘

尼、沙彌、沙彌尼以及居士戒，哪一種戒律在自相續中具有，都應生起歡喜心。有些信徒沒有受戒的條件，暫時一兩天中守持八關齋戒也非常好。我去年在廈門的時候看《釋迦牟尼佛廣傳》，裡面說：即使不能受其他戒，僅僅皈依佛陀的功德也不可思議。比如世間很多人害怕繁雜的戒條，就可以通過這種方便法，讓他們暫時守戒。所以，對於一些實在剛強難化的眾生，僅僅心中有佛也算是佛教徒，只是在心中生起「釋迦牟尼佛是我的本師」，相續中也會生起不可思議的功德。

因此，以後在度化眾生的時候，可以根據情況稍微開緣，因為戒律也有不同的層次。不然，有些惡劣的眾生對殺生、喝酒等根本無法斷除，很可能失去與佛法結緣的機會。

具有宿世善緣者，在三有之中，想要獲得非常稀有難得的暫時增上生人天安樂和究竟決定勝三菩提，最根本的因就是戒律。

佛在律藏中說：「吾之諸比丘，具清淨戒者，欲獲善趣果，如以布遮易，解脫似撩布，垂手便可得。」佛陀說具有清淨戒律者，善趣很容易得到。本來所謂的解脫就好像被布遮蓋一樣，只要揭開布就可以獲得解脫，因此，只要相續中具有清淨戒律，這位比丘獲得善趣也是非常快速。

《教比丘經》中也說：「此戒最勝樂，此戒解脫道，此戒功德本，此戒成佛因。」戒律實際是最殊勝之因，它是解脫道之根本、功德之根本、成佛之因。《別

解脫經》中云：「戒為趨善趣，渡河之橋梁。趨入解脫城，戒如階梯也。」

《入中論》云：「諸異生及佛語生，自證菩提與佛子，增上生及決定勝，其因除戒定無餘。」「佛語生」指聲聞，「自證」指緣覺，「菩提」即佛果。一切凡夫眾生以及聲緣、菩薩，獲得增上生和決定勝的因，除戒律以外再無其他。此中「無餘」，即是沒有其他的意思。也就是說，一般人天的安樂和聲聞、緣覺、諸佛菩薩的果位，所有增上生和決定勝的根本因就是戒律。麥彭仁波切和宗喀巴大師解釋說：所謂的無餘也只是說戒律非常重要，並不是說除戒律以外布施等無有作用。宗喀巴大師在《善解密意疏》裡面，也引用《十地經》的教證說明了戒律的重要性。

第二課

大家在受戒時，首先要明確三有一切處均無實義之理，比如名譽、財產、感情等，就像芭蕉樹一樣無有實質。了知這一點以後，從能說的無垢聖法及所說律藏兩方面已勝過外道，故此別解脫戒如意寶就是指明聖道之佛陀。由於戒律是自相續所受持的學處，所以是佛法。因此，真正的戒律就像真正的如意寶一樣，既是佛陀也是佛法。

娑婆世界宛如白蓮花般的殊勝導師釋迦牟尼佛親口說：此乃佛陀與佛法。經中云：「吾趨涅槃後，戒為汝導師，本師敬鄭重，僧眾前宣說。」漢傳佛教的很多戒牒上都印有類似含義的詞句。當時，阿難尊者請問佛陀：您涅

槃後，我們以誰為師？釋迦牟尼佛說：我涅槃以後，任何人相續中具有戒律，我即會安住於此人意虛空中。因此，佛法和導師全部可以用戒律來代表，只是在譯法上有很多不同。這也是人們通常所講的：以戒為師。

儘管世尊的色身已經趨入寂滅②法界之中，但因悲憫眾生，他已將事業之代表──戒律聖法留存於人間，乃至五千年佛法住世期圓滿之間一直留住。以前法王如意寶也講過：所謂的佛法能否住世，關鍵看律藏能否住世，並不是指其他的經藏和論藏。如果律藏住世，真正的佛法也會住世。一般寺院當中也是如此，比丘、比丘尼乃至居士以上，所謂具足戒律者不存在的話，表面上念經、做佛事，也不一定是真正的佛法住世。所以，區分邊地和中土時，也以是否具足四眾弟子來界定。由此可見，別解脫戒十分關要。

在當今末法時代，作為導師的追隨者以及想要如理如法求學戒律的補特伽羅，若想真正弘揚佛法或者修持，一定要思維：現世的一切顯現、輪迴中的一切瑣事無有實義。以佛陀所歡喜的戒律緊密護持三門，並對佛法和戒律生起如上弦月般的歡喜之心，這一點至關重要。

丙四、以欲學淨戒之發心宣講攝集一切善妙功德之戒律而立誓：

第四個問題是立誓。戒律既是一切善妙功德的根

《讚戒論淺釋‧智者走向解脫之教言》講記

②這裡所說的「寂滅」，並非聲聞阿羅漢的寂滅，而是真實大乘之寂滅。

本，也是聞思修行的助緣。

若有欲學淨戒善緣者，則定歡喜聞思佛教義，

以歡喜心引出妙功德，無勤之中獲得三學德。

在這個世間上，如果有願意修學清淨戒律的善緣者，必定會喜歡聞思修行佛教教義。大家非常清楚，一個人對戒律不重視，每天與世間人同流合污的話，也就根本沒興趣聞思佛法；一個人願意聞思修行，說明他一定具足清淨戒律，而具足清淨戒律也必定願意聞思修行。這一點通過觀察就可以知道，有些人破戒、還俗以後，再也不想聞思修行。所以頌詞中說：欲學清淨戒律的善緣者，一定會歡喜聞思修行，依靠這種歡喜心可以引發非常多的善妙功德，最後於無勤之中獲得三學之功德。

當今時代，既不是為了在他人面前顯示莊嚴，也不是希望擺脫怖畏、成辦善願，而是真正了知守持淨戒可以將自己從三有的苦海渡到涅槃彼岸，戒律如同大船般，是脫離三有、獲得快樂的階梯。如果真的以這種希求解脫、欲求學具有四種功德的梵淨行學處的善緣者，一定會歡欣喜悅地聽聞、思維共同五明，尤其對內明佛教因果乘教典的意義倍感興趣，從而獲得遣除無明必不可少的唯一因——三種智慧中最殊勝的聞慧以及斷除增益的思慧明燈。

從大家平時的行為也可以看出來，經常喜歡背誦、聞思的人，相續中也會具足清淨戒律，通過精進的聞思，必定會獲得最殊勝的聞慧和思慧。依靠對教法的強

第二課

烈歡喜心，可以引發無數善妙功德，無勤中便於自相續獲得三學功德。三學的功德可依前前引出後後，後者可增上前者，三者相輔相成。誓願越堅定，歡喜心也會越增上，這種人也會追隨真正高僧大德的殊勝足跡。如《毗奈耶經》說：「諸比丘，若持戒則可長住禪定，若修禪定則可長住智慧，若修智慧則定會斷除貪嗔癡，自心清淨，獲得解脫。」修持戒律者，心可以安住於禪定；具足禪定者，智慧也會隨之增長……戒定慧相輔相成。這個教證，以前講《忠言心之明點》時引用過，根索秋扎在《別解脫戒釋》裡面好像也引用過。

甲二（中善論義）分二：乙一、廣說善惡取捨之分類即讚頌一切善妙功德之基礎淨戒；乙二、勸修一切二障垢染之真實對治法。

乙一（廣說善惡取捨之分類即讚頌一切善妙功德之基礎淨戒）分三：丙一、以取捨各自分類而真實讚戒；丙二、別分持戒之方法；丙三、與之相關語結文。

丙一（以取捨各自分類而真實讚戒）分三：丁一、思維現世所生苦樂而應取捨之理；丁二、思維死時所現景象而應取捨之理；丁三、思維死後來世苦樂而應取捨之理。

丁一（思維現世所生苦樂而應取捨之理）分三：戊一、思維因難以成辦無勤而生之理；戊二、思維果集多損害而增歡喜之理；戊三、思維破戒必受世尊及眾生呵責並於追悔中死亡之理。

戊一（思維因難以成辦無勤而生之理）分二：己一、破戒者於失望之中多遭橫死之理；己二、持戒者無勤之中獲讚頌利養之理。

己一、破戒者於失望之中多遭橫死之理：

破戒的人，最後會在極度失望中遭遇暴死，講這方面的道理。

貪著惡劣女人愚癡僕，其心遭遇天魔求財物，

以貪漂泊大地如餓狗，多數不成反而凍餓死。

世間上有些人，為了貪著惡劣的女人而成為愚癡的僕人，他的心已經遭到天魔的危害，為了尋求財物，以貪心到處漂泊，像餓狗一般，最後大多數人不能成辦所辦之事，反而會凍死、餓死。

這裡面講到女眾的很多過失。以前我在每次講經的時候，經常用比較嚴厲的口氣批評女眾，後來也看到很多女眾有時對上師生邪見、有時對佛陀生邪見。聽說很多國外的女性根本不願意接受這種說法，我們這裡好像沒有出現這麼嚴重的情況，只是有些女眾在心裡有點接受不了。

實際上，表面是說女人的過失，真正來講，可能男人的貪心大一點，因此佛陀針對當時難以調化的有些男人，以方便法才宣講了女人的很多過失。顯宗的很多大小乘經典中，也是一直講女人的過失。但在密宗當中，經常講女人的功德，比如密宗第十四條根本戒中說：毀謗女人會破密乘戒。有些續部中也說：女人是成佛的殊勝之因。

因此，希望你們女眾不要對佛陀、佛法等殊勝對境生起一絲一毫的邪見。再加上，女人的確有一些不共的煩惱，所以佛陀在有些經典中專門指出，比如嫉妒心強、心胸狹窄等等。但這也是從大多數而言的，在已經獲得成就的高僧大德當中，女性成就者也是非常多。

昨天我看到男眾這邊非常明亮，但是女眾區一直沒有電，黑乎乎的，看起來非常可憐，而且去年也有很多人的房子遭到破壞……有時候男眾都沒有她們那樣堅強。我現在每天接待一次，也了解很多男眾、女眾的事情，對我個人來說也是一堂課，因為可以了解很多人的實際情況。比如女眾當中，有些一個房子裡住了將近六七個人，很多東西沒辦法放；做飯的時候需要排隊，你第一個小時、我第二個小時……這種情況，很多人不一定能接受，但她們還是繼續堅持著。我想有些所謂的男眾、大丈夫，也不一定能行持這樣的苦行。

去年雖然很多女眾在住處和精神方面受到了很大危害，但大多數人修法的心越來越迫切了。所以我昨天出來一看，女眾那邊全部是黑乎乎的，這邊全部很明亮，不太公平……能不能跟財務科說一下，一天男眾一天女眾，大家全部是上師的弟子。可能很多男眾認為我這麼做是多餘的，也許想：堪布老人家雖然名字上是堪布，實際對女眾還是很貪的……。不管怎麼樣，別人想什麼都可以，有時候看到這些女眾求法過程中遇到很多違

《讚戒論淺釋·智者走向解脫之教言》講記

緣，的確非常痛心。

在這個時候，你們女眾一方面應該對自己的過失有所認識，一方面自己也要發願：在以後的求法過程中不要有違緣。男眾和女眾在求法過程中，男眾不會有這麼大的違緣。因此，就像很多女眾說的那樣：我下一輩子變成……。這種發願很好。

從另一個角度看，這裡很多求法者的苦行，非常值得隨喜。希望你們女眾應該堅強，不要遇到一點點違緣就退縮：唉，我們為什麼沒有電？為什麼佛陀也說我們，堪布也這樣說……算了，不住在這個地方了。書包收拾一下，煤氣爐給別人就可以……。你回到家以後很可能會還俗了，然後養很多孩子，丈夫也打你。這時想起自己出家的生活，多麼自在，雖然在喇榮溝裡沒有很富裕的生活，但每天都有吃有穿，只管自己的嘴就可以了，不用管這麼多的事情。現在打工也不行、上班也不行……生活上具體的刺痛落在自己身上時，那種感覺可能比較強烈。

我覺得很多人不會以此退失信心，但有時候人不注意的話也非常困難。在這裡面，表面上是說女眾的過失，實際個別男眾以前出家，還俗以後為了女人到處尋找財產，變成餓狗一樣，最後已經凍死了……可能是講了這樣一個故事。

有關這方面的道理，諸多佛經中都有明說。《月燈經》云：「極大怖畏之繩索，乃為難忍女人索，是故諸

佛皆未讚，依止貪欲及女人。」麥彭仁波切曾經專門對小僧人們講過一個教言，以後方便的時候一定要翻譯。麥彭仁波切說：世間上根本無法降伏的人，只有依靠女人的繩索可以降伏。世間的有些官員，讓女人去說一說就很容易，因為以其他繩索無法套住。所以說，女人實際是特別難忍的一種繩索。佛陀在顯宗的很多經典中，並未讚歎貪欲，也未讚歎女人，但在密宗和顯宗特殊的經典裡面說：諸佛菩薩顯現為女身，令諸佛菩薩生歡喜心③。還有「一切幻化中，女幻極殊勝」等說法，《大幻化網》中也已經引用過。《月燈經》又云：「此道無法證菩提，是故切莫依女子，猶如極嗔之毒蛇，一切智者捨棄彼。」女人就像毒蛇一樣，一旦咬到你的身體或者依靠她毀壞自己的戒律，必定會永遠感受痛苦，作為智者一定要捨棄女人。學院的很多男眾確實在這方面非常注意，以後也應該這樣；有些女眾也對男眾特別注意。希望你們對於戒律的違品應該像毒蛇那樣來對待。

《念住經》中說：「女人禍害根，毀壞現後世，若欲利己者，當捨一切女。」一個人的心如果被女人束縛，即生和來世全部都會毀壞，所以想要利益自己的人一定要捨棄女人。又經中云：「愚者為財毀，不求解脫道，愚癡貪欲者，毀壞諸自他。」《三摩地王經》中說：「為貪諸愚者，依靠腐女身，將成劣眾生，彼墮惡

③經云：菩薩者，為令諸佛生喜，將自身化為女身，常行於善逝之前。

趣中。」又如頌云：「此道無法證菩提，是故切莫依女子，猶如極嗔之毒蛇，一切智者捨棄彼。」

　　有些人本來具有一定的威望和地位，但後來因為貪著女人，已經成了女人的奴僕。這種低劣之人，由非理作意所引發，為了維護女人的情面、為使女人心生歡喜而欲求財產。他們因為喜歡女人、貪著欲妙，已經如著魔般失毀了戒律，最後，其內心必定遭受欲天為主的魔王所摧毀，毫無自在，經歷千辛萬苦、百般周折去海中取寶，包括從事放牧、墾荒、耕地、割草、伐木等在內的事務，想方設法希求財物，心中日日夜夜分析籌劃，白天不閒、夜間不眠而奔波忙碌。出家和在家的確有很大差別，有些在家人心裡想學一點佛法、了解一些佛法的知識，但是不得不為了家庭、為了孩子和妻子奔波忙碌。原來我們這邊有個工人說：「我為了老婆、為了孩子，不得不在這裡打工。」他說得非常可憐，但事實就是這樣。釋迦牟尼佛在佛經中說：我很快樂，我沒有家也沒有財產，非常快樂④。作為破戒者，以強烈的貪心漂泊在廣闊無垠的大地上，猶如一條十分飢餓的野狗一般，在短暫的人生當中，為了錢財，<u>為了養活家庭和自己，就這樣虛度一生。</u>

④從前，印度舍衛城一位名叫得洛的婆羅門有一個好似魔女般的惡劣妻子，膝下無子卻有七個女兒，她們都已嫁人。老婆羅門經常受到妻子、女兒、女婿的損惱。後來，又將向鄰居借用的牛丟失，心中十分悲傷。這時，他見到身著僧衣的世尊寂靜調柔安住在遠處一棵樹下。世尊了知他內心的想法，對他說到：「婆羅門，正如你所想的那樣，我的確無有任何煩惱。如果沒有惡劣的妻子，怎麼會遭受她的損害？也不會有七個女兒、女婿的損惱，又無有要耕的田，也就不會有丟失牛的憂愁……」後經世尊開許，老婆羅門得以出家，最終獲得阿羅漢果。

第二課

上師如意寶的加持真是不可思議！如果他沒有攝受這麼多的弟子，很多人可能一直忙於自己俗家的事情，一輩子在忙忙碌碌中度過，死的時候除了罪業以外，一點善根也沒有。所以，在自己未落入這種火坑之前，大家都應該注意。尤其有些年輕人的前途比較危險，因為欲界的貪欲非常難對治，如果不具足正知正念，不了知破戒的過患，不要說來世，真的還俗成為在家人以後，很多痛苦於現世也不得不感受，如果無有福德，大多數人不僅不能成辦財產受用及一切所願，反而在貪圖尋財中會凍死、餓死。

現在有很多人一直在出家、在家之間徘徊，我的想法是人生非常短暫，對出家苦行應該接受。很多人只不過自己下不了決心，如果下了決心肯定沒問題。出家以後，生活上的壓力自然而然就會減少，如果想作為在家人，一邊成家一邊學佛，真的有點困難。

因此，在學院當中暫時求學的一些年輕人，能不能再三想一想？如果真的對出家人有一定的信心，這種生活的確很有價值。但對沒有信心的人來說，看著我們這些出家人也是非常可憐的，沒有家庭、沒有工作、沒有老婆孩子，真的非常可憐……有些男眾、女眾可能會這樣想。實際你真正去思維，貪心等很多問題，通過一些對治法都是可以對治的。

通過這次傳講《讚戒論》，很多人應該發心出家。

但所謂的出家也不要匆匆忙忙的，尤其年輕人，應該暫時觀察一段時間。不然，今天來今天出家，明天家裡的人就將他帶下去了。前段時間有一個人，我一開始叫她先不要出家，但她非要出家。沒過兩三天，她家裡的人來了，她特別高興地去迎接。然後，家裡的人說「回去」，「好好好，我要回去」……也有這種現象。所以，一般老年人不要緊的，年輕人還是應該再三觀察以後再出家，這是很重要的。一旦出家，在面對很多問題時都是可以解決的，既然很大的問題都能解決，一些小問題也就更容易解決了。

總而言之，在慘遭惡緣、步入歧途中死亡的現象非常多，現量可見的實例也不乏其數。因此，盡力對此類現象生起深深的厭煩心非常重要。我們首先了知萬事萬物無有實義後，應該明白：為了感情、為了家庭、為了財產，到處漂泊、打工，何時在何處死亡，自己也無法決定。而修習佛法者，不管到哪裡，都有一定的境界，不會心生畏懼。

頌云：「貪緣生憂愁，貪緣生畏怖，捨棄諸貪欲，何有憂畏怖？」作為修行人，應該對生貪心之緣生起憂愁之心、恐怖之心，如果能夠捨棄貪欲，今生來世的很多恐怖、痛苦又怎麼會出現呢？正是我們相續中的貪欲作怪，才給今生來世帶來了無比的恐怖……大家應該反反覆覆思維。

第二課

第三課

下面繼續講法王如意寶的上師托嘎如意寶造的《讚戒論淺釋・智者走向解脫之教言》。本論整個科判主要以對比方式，讚歎守戒的功德、駁斥破戒的過失。

己二、持戒者無勤之中獲讚頌利養之理：

持戒的人，在無勤中自然而然獲得飲食、名聲、財物等。如頌云：

以法調伏自續持律士，如大聖者美名遍世故，

種種財富無窮悉聚集，未尋即獲少許不受縛。

真正按照別解脫戒的要求，並非為他人傳講，而是自己願意守持清淨戒律的大士，就像聖者文殊菩薩和觀音菩薩那樣，美名已經傳遍整個世界，經常會受到他人讚歎。在獲得名聲的同時，種種財寶也無窮獲得，即使「未尋」也無有任何困難而獲得。

除上述所說的以外，具有善緣的修行者，對自相續的一切罪行通過善法可以調伏。這些僧人或者高僧大德，不僅可以駕馭和攝受自相續，並且如理如法受持三藏的最主要源泉——律藏，如同世間明燈一般，他們在漢傳佛教和藏傳佛教的所有團體中，威望非常大。

這種大士，雖然身居未證空性的勝解行地——資糧道和加行道當中，但因守持清淨戒律的緣故，其加持力如同住於淨地的大聖者——文殊、觀音、金剛手三怙主

一樣，美名聲譽必定周遍整個世界；其調伏眾生的事業，也是遍於龍界、人間、天界等三有一切處，廣布一切虛空界。

就像上師如意寶一樣，在他老人家年輕時期，從藏地歷史上看，能夠真正守持清淨戒律的人非常少，但以上師守持清淨戒律的緣故，如今他的事業乃至龍界以上的眾生都在讚歎。

此等大士恆時受到天人供養、君主承侍。儘管未希求暫時的所需用品，但以布施和護持淨戒的功德力，大至地區、眷屬、珍寶、馬、象，小到微乎其微的用品，種種財富受用應有盡有，無有窮乏、無有衰損，無需勤作輕而易舉就可以獲得。大家也知道，凡守持清淨戒律者，他所需要的一切財產受用，很快時間當中都會得到。現如今有很多人，雖然並未守持清淨戒律，卻也獲得一些財富，但這些財富，不論今生還是來世，終究會成為痛苦的因。

《因緣品》云：「受讚得財物，後世趣善趣，希求三安樂，智者當持戒。」清淨戒律的人，今生會受到他人讚歎、無勤中獲得財物，後世也將趣向於善趣，因此希求上述所說的三安樂的智者，應該守持清淨的戒律。又經中說：「貧者得出家，獲供脫貧窮。」暫且不說來世的解脫，貧窮者出家以後可以獲得一切供養，脫離貧窮的痛苦。

昨天上師如意寶講皈依的時候講了個公案：一個經常口中念誦四皈依的人抓到一個盜賊。於是一邊念皈依一邊打他，「喇嘛拉加森秋」，打一下；「桑吉拉加森秋」，打一下……盜賊當時想：三寶的加持真是不可思議！釋迦牟尼佛只講了四皈依，就是為了我，如果講五皈依，我就完蛋了。因為他如此思維佛的功德，邪魔外道也未能對他作損害。

所以，三寶的加持真是不可思議。在座的人當中，有些人以前有很多財富，全部捨棄而出家的也有；有些人平時的生活非常困難，後來出家的也有。但在出家的行列中，尤其對一些貧窮的人，人們經常會讚歎：這個人知足少欲，非常了不起！而且真正來講，釋迦牟尼佛教法下的出家人，因為生活非常貧窮而窮死、餓死的現象，自古以來都未出現過。

華哦論師也曾說：「雖然未說亦未讚，所需受用卻漸集。」雖然自己未去宣說也未讚歎，但所需的財物逐漸會聚集。像有些人到了學院以後，雖然沒有去化緣，自己的生活也基本不會有很大困難。

又佛經云：「縱諸在家者，指甲上耕田，吾之出家眾，生活無貧窮。」法王如意寶經常引用這個教證。佛經當中說：即使在家人受到極大的災荒，不要說在大地上耕田，只是在指甲上耕田，我教法下的出家人也不會有生活上的困難。當然，在指甲上耕田是不可能的事

情，這裡只是運用了一種假設句。

以前在五幾年的時候，藏地出現大災難，很多人都餓死了，但是個別修行人並沒有脫下僧衣，人們在暗地裡都會供養他們。因此，出家人雖然會出現生活困難的現象，但不會像在家人那樣感受非常大的窮苦。有時候在家人真是這樣，他們的孩子要讀書，家裡的開支也很大，但在外面打工也掙不到錢，最後實在沒辦法，想去尋死，這種現象也是有。我們作為出家人確實沒有這方面的憂慮，的確是三寶的加持！

托嘎如意寶在此處解釋：如是補特伽羅相續中不會滋生大的貪欲，因未以貪心尋求，而是如理如法獲得閉關修行的少許衣食。從閉關角度來講也可以，但總的來說，凡是守持淨戒的修行人，想要獲得少許糧食不會有任何困難，因此自相續也根本不會被任何非法所束縛。

戊二（思維果集多損害而增歡喜之理）分二：己一、破戒不得救護、多出衰損之理；己二、持戒聖者讚歎、增上極喜之理。

己一、破戒不得救護、多出衰損之理：

破戒者無有諸佛菩薩和護法神的守護，經常會出現各種各樣的衰損。

染上破戒過患無心者，一切聖者護法亦遠離，

前有財富耗盡如水泡，精勤無義逐日漸衰損。

這裡全部以別解脫戒為主而宣說。自相續染上破戒

過患後，因為不具足正知正念等對治之心，這種人已經成為無心者。一切聖者諸佛菩薩、護法神等，也會遠離這些無心者。相反，守持清淨戒律的人，諸佛菩薩和護法神都會蒞臨幫助。而作為破戒者，即使以前具足一些財產，像水泡瞬間滅盡一樣，在很短的時間當中就會耗盡。這些破戒者精進行持毫無意義、對修法不利之事，整天忙於家庭的事務以及賺錢等，對聞思修行等再也提不起任何興趣，一切功德逐漸衰損。

破戒是今生眾多衰損的根源。本來諸聖者對待一切眾生猶如慈母對兒子般慈愛悲憫、恆時垂念，但自相續染上了破戒這一嚴重過患，從而不知取捨、隨煩惱而轉，這種人已經成為好似無心一樣的愚癡者。如果即生未能恢復或懺悔清淨，將來必定多劫墮入惡趣，無法面見諸位聖者，作為繼承、護持、弘揚佛教的吉祥怙主七十尊，以及明辨善惡的諸位事業護法神，全部也會遠離他們。

所以，為令諸佛菩薩賜予加持、不令護法神遠離，大家應守持清淨戒律。不然，自相續的戒律一旦被染汙，不僅會遭到諸聖者的譴責，也會使護法神和諸聖者全部遠離，得不到救護。

《呵責破戒經》中說：「舍利子，猶如獅子中住狐狸，轉輪王中之石女，諸天眾中之猴子，龍王中之貧窮者，具天眼者中之盲人，大鵬鳥中之水蛭。舍利子，如

《讚戒論淺釋・智者走向解脫之教言》講記

是我聲聞中若住有破戒比丘，成百上千天人見後各個極不歡喜……」這裡講到的每一個比喻都說明，出家僧團中有破戒比丘居住極其不莊嚴，比如獅子當中住著狐狸、轉輪王中住著不具足女人法相的石女……。佛陀說：在我的僧團中，若有破戒比丘居住，成千上萬的天人或世出世間的護法神都會非常不高興。

此經云：「不僅說彼魔使不可參加長淨解制之事，而且稱其為魔王唆使。」作為破戒者，不僅不可以參加長淨解制等一切事宜，而且可以稱其為魔王的使者。

《三戒論》裡專門講了十七事。一般釋迦牟尼佛的戒律包括破和立兩方面，「破」主要指不能做的事，也即以五墮罪⑤可以包括的一切罪業；「立」是指可以做的事情。這一切破立之事包括在十七事裡面，其中，在未得戒之前如何得戒，叫做出家事；講到得戒後如何守持時，首先即是圓修學處三事，也即長淨、安居、解制。

所謂的長淨，一般每個月都會有。安居則在每年夏天，這時對於僧團內的所有收入不作分配，僧人之間不能互相說過失。安居結束時進行解制，對安居期間所獲得的財物進行分配，並派遣專人宣說犯戒現象。有關這方面，以前安居過的人非常清楚。

破戒者在聽聞佛法後，如果對在家出家諸眾宣說，那麼，對佛教無有信心的鬼神、天龍、夜叉也會放聲大笑，經中又說：「如駿馬群中住野馬，此罪孽深重、又

覆又藏之比丘為何尚坐於此墊上。」駿馬當中即使居住著野馬，此野馬也無法讓人們享用，同樣，自己罪業深重，且又覆又藏，這種比丘為什麼坐在僧眾的坐墊上？又怎麼能為他人講經說法呢？以此必定會受到天龍夜叉的恥笑。這種惡劣之人，自以為其他人不見不知自己的惡行，這種行為只是自欺欺人而已。如經云：「此乃人天世間之盜匪。」這就是偷盜釋迦牟尼佛教法和證法之財的盜匪。

托嘎如意寶引用《毗奈耶經》講到破戒的十種過患：一、被導師佛陀所呵責。二、諸天眾、護法神等，以盜匪等惡名進行呵責。三、持清淨戒律的同參道友們，宣揚此人戒律不清淨等。四、自己在如理作意時，會遭到自己的呵責。麥彭仁波切在給小僧人的教言中也說：破戒之後，內心會經常感到不安，自己也會呵責自己：我為什麼沒有守護自相續中的清淨戒律呢？五、以佛法和戒律進行衡量時，值得呵責。六、惡名會遠揚四面八方。七、不能聽聞未曾聽過之法。破戒還俗以後，由於已被僧眾開除，以前未曾聽過之法也就無法聽聞。學院裡已經犯戒的人不得不離開，一旦離開，從此以後再也沒機會聽聞佛法。八、遺忘曾經聽聞之法。破戒以後，自己非常失望，對以前聽聞過的法再也不會作意。九、從此再也無法生起地道證悟之功德。十、最後在追

⑤五墮罪：他勝罪、向彼悔、墮罪、僧殘罪、惡作。

《讚戒論淺釋·智者走向解脫之教言》講記

悔莫及中死去，死後墮入惡趣。

《毗奈耶經》當中以頌詞的方式講到了上述十種過失，以前貢珠羅珠他耶在《周遍所知》中直接引用過這個教證。但《毗奈耶經》裡面的詞句有時比較難懂，所以托嘎如意寶在這裡只是將其中的意義作了宣說。

《花鬘論》的作者薩革拉說：「善施為得子，與妻不淨行，比丘滾巴亦，與母猴邪淫，世尊呵責之。」《沙彌五十頌》在講到不淨行學處時，專門講了制戒緣起：佛在廣嚴城時，一位比丘為了不使自己的家產充公，與自己在家時的妻子作不淨行，後來生下一個兒子。佛陀了知此事後對其進行呵責，並制定了不淨行學處⑥。

又說：「男根若入於，女人三門⑦中，不可復重罪，毒蛇纏比丘。」《別解脫經》中也說：如果被毒蛇纏身只會毀壞這一世，而被女人毀壞自己的身體，不僅這一世，在多生累劫中都不能獲得解脫。也就是所謂「纏身」的含義。

因此，依靠往昔所造的善業，現世會擁有少許財富受用，但破戒以後，這少許財富也會在不知不覺中逐漸耗盡，如同遠道客人所帶的少許口糧一樣，瞬間就會消逝。

⑥偈頌中講到兩個公案，上師講的是第一個公案。第二個公案：一位比丘與前來覓食的母猴作不淨行，被佛了知後，對其嚴厲呵責，並告之已犯根本罪。

⑦三門：口、肛門、陰道。

現在遠道客人所帶的口糧應該是人民幣，很多人到學院的時候帶的「口糧」還是不錯的，剛到這裡的時候也特別喜歡供養活佛，對供養的對境根本不觀察。過了五六年以後，觀察倒是很喜歡觀察，但對誰也不供養了，越來越吝嗇。以前阿底峽尊者到藏地來的時候說：這是一個吝嗇的地方。

所以，破戒者原本擁有的財產，在破戒後會像水泡一樣瞬間消失。即便為了獲得未來的受用而辛辛苦苦、百般勞作，但如何精勤，所獲得的受用也無有實義。以前住在學院或者其他寺院的人，還俗以後為了家庭整天忙碌，不要說來世，看一看他這一世的生活也是非常可憐……年復一年、月復一月，非但不會獲得財富反而越來越貧窮。

大家見到這種情況以後，應該對此生起強烈的厭離心，並且謹慎守護自相續，若已犯下罪業也應誠心懺悔。《入中論》說：「生物總根受用盡，其後資財不得生。」

己二、持戒聖者讚歎、增上極喜之理：

廣聞具戒大士如寶藏，無勤獲得世間諸眾讚，

名副其實具有善緣者，衰老之時亦增歡喜心。

廣聞多學、守持清淨戒律的人，與真正的如意寶藏無有差別，他學識智慧也很高。

有些人可能想：破戒的過患這麼嚴重，即使持戒功

德很大，我也不受戒了。聽說個別人是這樣的，這些人非常愚癡。這樣一來，你以出家形象穿著僧衣，坐在出家人的行列中，更是有覆有藏的狡詐者。也有些人說：皈依要守的戒太多，不皈依還好一點，反正我精進行善就可以了。以前我專門駁斥過這些人的邪見，因為沒有守持戒律的話，做很多事情會有更大的過失。以後凡是學院裡的人都應該守戒，不然只是穿著出家衣服，這就是所謂的狡詐者。這方面有很多教證理證的危害，這裡也不作專門的遮破。

今年上半年主要講戒律，希望你們在這一過程中，不要覺得戒律很簡單。寧瑪巴的很多高僧大德，對戒律的研究非常好，而且都有很多的教言和竅訣，尤其結合菩薩戒和密乘戒來宣說，這一點在當前非常需要。

僅僅從別解脫戒來講，有些地方一違越就再也沒機會恢復，最後犯戒者也非常後悔。原來去泰國的時候，感覺個別出家人對很多取捨有強烈的實執，這對解脫有一定的障礙。所以，這次為什麼要講《三戒論》？就是要將三種戒律結合在一起。不然，僅僅守持菩薩戒也不行，僅僅守持別解脫戒也不足夠。將三種戒律結合而宣講，以前可能是沒有的。我自己認為：這可以稱得上北傳佛教歷史上的一種創新。雖然講戒律的律宗道場非常多，但是對菩薩戒和密乘戒全部能守護的，可以說非常少。

第三課

頌詞中說：真正廣聞多學、具有清淨戒律的人，就像如意寶一樣，無勤中便可獲得世間眾人的讚歎，他就是名副其實的具緣者，在最後衰老時，由於守持清淨戒律度過了一生，後世必定趨往善趣，所以心情非常快樂。

廣泛聽聞、深入思維、精進修持如海經藏，並且相續中斷除了自性罪、佛制罪一切惡行，具有清淨戒律的殊勝大士是一切善妙功德的源泉。就好像打開了裝滿珍品的寶藏門，可以隨心所欲擇取珍寶，同樣，這些殊勝大士無需百般辛勤勞作，便可獲得世間無與倫比的顯官要員、高僧大德諸眾的讚歎頌揚，以及天人遍散鮮花稱讚供養。

一般守持別解脫戒非常清淨、具足菩薩戒和密乘戒的人，會受到大眾的一致稱讚。但是，行為不如法，經常抽煙喝酒，即使有一些神變神通，獲得個別人讚頌，大多數人也會譏嫌他。所以，守持清淨的別解脫戒是最有意義、最保險的一種功德。

《大方廣總持寶光明經》云：「何人恆時敬信佛，彼終不會捨戒學，何者不捨戒學處，具德者讚具德者。」如果一個人對佛有真正的信心和敬仰心，他就不會捨棄清淨的戒律，那麼，一切具有德行者也會讚歎這一具德者。這種讚歎並非表面上的無義空談，而是如三界導師佛陀受到人天諸眾的讚頌一般，真正稱得上名副其實。

《讚戒論淺釋‧智者走向解脫之教言》講記

本來，每個人都會感受苦諦之根本的老死痛苦，但具有廣聞博學、高深智慧、清淨戒律等賢妙功德的善緣者，不僅不會因青春已逝、思緒紊亂、智慧淺薄而於內心感受絲毫的悲傷和苦惱，想到將來會獲得更大的快樂，反而在越來越衰老的時候，內心愈發增上歡喜心，這種歡喜心甚至可與獲得初地之菩薩的歡喜心⑧相提並論。

《廣戒經》云：「善持梵淨行，勤修聖道者，壽終得安樂，猶如脫病苦。」清淨戒律的人，在壽終之時非常快樂，就像一個人已經脫離病苦一樣，只要想到：從此以後終將斷絕輪迴苦諦。內心快樂無比。《別解脫經》說：「多聞赴林中，年邁時安樂。」廣聞多學的人，在老年時到林中精進修持，心中非常快樂。

第三課

---

⑧《入中論》：佛子此心於眾生，為度彼故隨悲轉，由普賢願善迴向，安住極喜此名初。《華嚴經》云：「復作是念，我轉離一切世間境界，故生歡喜。親近一切佛，故生歡喜。遠離凡夫地，故生歡喜。近智慧地，故生歡喜。永斷一切惡趣，故生歡喜。與一切眾生作依止處，故生歡喜。見一切如來，故生歡喜。生佛境界中，故生歡喜。入一切菩薩平等性中，故生歡喜。遠離一切怖畏毛豎等事，故生歡喜。」

第四課

　　持戒者受到人天諸師之讚歎，自己在年老時也是在歡喜心中離開人間，前文引用《別解脫經》的教證，已經對這一道理作了宣講。下面講第三個問題。

　　戊三、思維破戒必受世尊及眾生呵責並於追悔中死亡之理：

　　恆時不具淨戒之青年，染上破戒過患佛亦責，

　　世間諸眾宣種種惡言，老死之時生起大悔心。

　　現在其他宗派當中有沒有學習《讚戒論》的不太清楚，但我們從革瑪旺波一直到後來的堪布根華仁波切、托嘎如意寶，還有曲恰堪布、德巴堪布等，都是非常非常重視《讚戒論》。整個寧瑪巴，不管白玉派、竹慶派還是噶陀派，對這部論典非常讚歎，一些小僧人剛出家的時候，經常會給他們傳《沙彌五十頌》和《讚戒論》。通過這部論典，大家會明白破戒的嚴重過患和持戒的殊勝功德。釋迦牟尼佛一開始傳講戒律，也是首先講守戒功德和破戒過患，最後也再三強調守戒功德和破戒過患。

　　本來佛陀對眾生就像母親對兒子一樣悲憫愛護，但是對於不具足清淨戒律、已經染上破戒過患的眾生，大慈大悲的佛陀在有關經典中也是嚴厲譴責。再加上，世間的人、天人等所有眾生，會有各種流言蜚語，說「某

某人已經破戒」、「此人戒律不清淨」等種種語言，天龍夜叉等其他非人，也特別喜歡傳揚破戒的過患。最後，在此人逐漸衰老或者死亡時，內心生起極大後悔心：我在年輕時若能守持清淨戒律該多好啊⋯⋯。

恆時被惡行所縛，不具有一切功德之根本——清淨戒律，自心如同野馬般難以調伏的年輕人，一旦染上破戒過患，我等大師釋迦牟尼佛以其無礙智慧了知，此人已經毀壞了今生來世，所以在有關經典中予以嚴厲譴責。

如《別解脫經》云：「無足無法入道路，如是無戒不解脫。」按理來說，比丘、比丘尼以及沙彌、沙彌尼，在每月十五、三十必須做一次長淨法會。也就是平時所說的誦戒，按照翻譯角度來講，用「長淨」好一些，藏文稱為「索雍」，意指增長善根、清淨罪障。很多律藏中，經常用梵語「布薩」。《別解脫經》說：沒有腳就不可能入道，同樣，不具足戒律就不能得到解脫。

又《地藏十輪經》云：「歡喜失戒罪業者，聽聞大乘勝德後，為名利故詡大乘，如驢披著獅子皮。」喜歡失壞戒律的這些人，聽聞大乘佛法後，以貪求名利為目的，自稱為學習大乘者，這也只是自己妄加而已，真正具不具足非常難說。就像驢披上獅子皮，表面看來好似獅子一樣，實際根本不是。

經中說：「迦葉，所謂比丘者，摧毀諸煩惱，故稱真比丘……」《澄清寶珠論》等很多論典中講到，比丘有勝義比丘或者說摧毀煩惱的比丘、形象比丘等五種[9]。這裡說，已經摧毀煩惱的人，才叫做真比丘。

下面對此作解釋：「摧毀我執見、有情見、生命見、保養見、補特伽羅見、士夫見、女人見、孩童見、婦女見、故稱真比丘……」現在有很多所謂的比丘，對於有情、自己的生命等特別執著，這說明他相續中的女人見、有情見等仍未摧毀，只是一個假比丘。所以，此處每一個見前面加上一個「摧毀」，即摧毀保養見、摧毀士夫見、摧毀女人見……這種人才是真比丘。

又說：「以戒修身、以慧修心，無有恐懼、渡過三有河、遠離諸大種、無有壞聚見、無有怖畏、住於無畏道，故稱真比丘。」真正的比丘，以戒律長養身體，以智慧修持自心，無有恐懼之心，已經遠離三有之大河，這才是名副其實的真比丘。

一般小乘自宗的經典中，對比丘有沒有這種要求也很難說。根據上述所說的內容，應該是從大乘了達空性方面講的，不然小乘自宗所安立的勝義比丘，只有阿羅漢才算是真比丘。此處所說，已經摧毀生命見、士夫見、孩童見、女人見等一切見，從小乘自宗安立的話非常困難。

---

⑨五種比丘：乞食比丘、名相比丘、自稱比丘、近圓比丘、破惑比丘。

《讚戒論淺釋・智者走向解脫之教言》講記

經中又云：「迦葉，有者不具此等法，自詡為真比丘，彼等乃假相比丘，是勝解信而已，我非彼導師，彼亦非我聲聞。」不具足上述法相者，雖自認為是真正的比丘，其實只是假相比丘，相續中僅僅是一種勝解信。對於這種比丘，佛陀說：他不是我的弟子，我也不是他的導師。並且說：「迦葉，多數罪孽深重比丘可毀滅我聖教，九十五種稀有見者、一切邪魔不能夠毀滅我教法。又我聖教中所出現無有定解劣慧愚癡者可毀滅我教法。」佛陀對迦葉說：只有這些罪業深重之人，才會毀壞我的聖教，真正的外道徒也無法毀壞我的聖教。的確如此，佛教內部的很多人身著法衣，自稱為「居士」、「佛教徒」，然後到處摧毀他人的宗派，有些對密宗作毀謗，有些對顯宗作毀謗，有些對高僧大德作各種各樣的毀謗。真正來講，像勝論外道、數論外道等很多外道，對佛教的危害不是很大，唯有佛陀聖教中不具定解、非常愚癡的這些人，才會毀壞佛的教法。

又說：「我此聖教中將出現愚蠢者、貪欲者、為貪戀所縛者、非法邪見者、無有定解者、懈怠者、妄語者彼等可毀滅我教法。」喜歡打瞌睡者、早上不願意起來者，無有定解的人、喜歡胡思亂想的人……這些人會毀壞我的教法，外道不能毀壞我的教法，具有貪欲者、非法邪見者雖然身穿袈裟、已入佛教，但毀壞佛之教法的就是他們。

《呵責破戒經》中說：「舍利子，於身披我仙人法幢之破戒比丘甚至跨入經堂中一步亦不開許，何況是使用水器、坐凳等。」佛告訴舍利子：凡是身穿僧衣且破戒者，跨入經堂一步也不開許，何況享用僧眾的水和食物、坐在僧眾的墊子上……。

「何以故？舍利子，彼非正士乃人天世間之盜匪故；舍利子，彼非正士乃世間人天諸眾應擯除之處故；舍利子，彼非正士乃世間人天諸眾之怨敵故，可稱其為罪業之友；舍利子，我開許為人天世間一切眾生傳法，舍利子，然於失戒、失行、失命、壞見之諸破戒比丘，我以手示擯除，見我亦不許，何況說於此教法中一日、一夜、一剎那共處。」為什麼呢？這種人非正士而是人天世間之盜賊故，人天世間應該擯除故。釋迦牟尼佛說：舍利子，我在傳講佛法時，開許其他人天眾生都可以諦聽，但已經破壞戒律、失毀行為、失壞正命⑩者以及壞見者⑪，對於這些破戒比丘，即使見我也不開許，何況在我的教法中聽一天、一夜、一剎那，與僧眾共處、聽聞佛法等都是不開許的。

因此，一般對失壞戒律、失壞行為、失壞見解的這些人，在僧團當中一旦發現，必須開除，這是釋迦牟尼佛也開許的。有些人說：作為佛教徒應該有慈悲心，他

⑩失壞正命，也即邪命養活。
⑪已將相續中原本具足的因果正見和解脫知見毀壞的人。

45

很可憐，雖然見解不正、戒律不清淨、行為不如法，以邪命養活欺騙眾生，但這個人很可憐，如果開除他不是更可憐？還是不要開除。這種說法不合理。在釋迦牟尼佛的教法中，最有悲心的人當然是佛陀老人家，那麼佛陀也在經中說：這種人必須擯除。我們作為佛教徒，應該按照佛陀的教言去執行，這是非常重要的。

「何以故？舍利子，譬如污穢骯髒腐爛不堪之蛇屍、狗屍、人屍等臭氣熏天，天人諸眾根本不會與之共同嬉戲，且若見之便會遠離躲開。舍利子，與此相同，諸智者亦應知，若見如蛇屍般之破戒比丘，亦應遠離捨棄，不應與其一同進行吉祥長淨、定時長淨、解制儀軌。」一般在見到人屍、狗屍的時候，人們根本不願意與此處安住、嬉戲。見到破戒比丘與之相同，應該遠離捨棄，不能與他們一起作各種長淨、解制等儀軌。

所謂的布薩，也即長淨，有定時和不定時兩種。如吉祥長淨、和合長淨等⑫，由於時間不固定而稱為不定時長淨；定時長淨分十四長淨和十五長淨。按照《律根本頌》，一年有六個十四長淨、十八個十五長淨，這些也是根據曆算來講的算來講的算來講的⑬在作長淨儀式時，

---

⑫開光等吉祥之時舉行的長淨，叫吉祥長淨；為制止已出現的傳染病等災害或為了避免災難出現而作的長淨，稱為息災長淨；為和解僧眾分裂而作的長淨，稱為和合長淨。

⑬按照曆算，鬼宿月（藏曆十二月）、翼宿月（二月）、氐宿月（四月）、箕宿月（六月）、璧宿月（八月十六至九月十五）、昴宿月（九月十六至十月十五）等月份下弦十四日所作的為十四日長淨；十五日長淨在上述月的上弦有六次、其他六月的上弦下弦各有六次。

經常會有一位比丘起來跟大家問訊，說：今天是十四長淨，請某某長老為大家傳講戒律、讀誦別解脫。這樣請求後，大家頂禮問訊，長老為大家宣說《別解脫經》。

《三戒論》中會講十七事，其中也講到長淨分定時和不定時。另外，在安居期間，對所得到的財物不作分發，僧眾之間不能互相說犯戒的過失。安居結束時，僧眾作羯磨儀式，專門安排人為僧眾分發財物，並且宣說個別人的犯戒現象，也即解開原來的制度，因此稱為解制。

在作解制儀式時，破戒比丘不能參加。「何以故？如是愚蠢者長期受害、無有利益、不得安樂、恆遭痛苦，為同等者及其他人控制、墮入邪道、皆不吉祥故。彼等不恭敬具有淨戒比丘，不是沙門而自稱沙門，非持梵淨行而自稱持梵淨行，彼等可毀壞羯磨、長淨、解制等一切事。」為什麼不能參加呢？破戒者與僧眾共住，會令大眾皆不得安樂，與之同等者也會受到控制，逐漸趨入邪道。因為戒律不清淨，行為必定不如法，由此會毀壞一切事宜。所謂的毀壞，是指給清淨的僧團染上罪業，而羯磨儀式能不能成功呢？可以成功，只是會染罪而已。

「舍利子，我此聖教中恭敬持淨戒比丘，彼等若見破戒比丘，則定遠離捨棄。何以故？舍利子，應當明知持戒比丘之缽盂、法衣等若與破戒比丘之缽盂法衣放在

一處，則如摻雜毒一般。舍利子，我四種威儀寧願住於布滿蛇屍、狗屍、人屍之處。舍利子，然我與破戒比丘、失行、失命、壞見者共住一日一夜一剎那，甚至僅僅彈指間同住亦不歡喜。」守持清淨戒律的比丘，見到破戒比丘後，即使缽盂和法衣也不能與之放在一處，否則就與毒物放在一起一樣。作為比丘，寧可住於布滿人屍、狗屍的骯髒之處，與失行、失命、破戒比丘僅僅一彈指間也不應歡喜同住。

世間上的所有人天眾生，都很喜歡談論破戒者的公案，散布流言蜚語。對於破戒者的種種行為，他的敵人倍加歡喜，他的親朋好友、同行道友的內心則非常痛苦，不論他人歡喜還是不歡喜，對於這位破戒者的惡行，人們都非常願意傳揚。

《教比丘經》云：「不持淨戒常見者，世間一切諸眾生，內心皆不歡喜彼，且以惡語譴責之。」不清淨戒律的常見者，世間所有眾生的內心都不歡喜他，經常以惡語譴責他。在種種譴責中不知不覺衰老之時，想到今生破戒的罪業，內心被種種痛苦逼迫，最後到死亡臨頭，導致自己破戒的財物、妻子兒女等不會跟隨自己，而以所造的五種墮罪，必將墮入地獄遭受種種痛苦折磨。

比丘已經犯根本戒的話，五種墮罪必定都會犯。一般來說，沙彌和沙彌尼主要以沙彌十條為主，所謂的比

丘戒和比丘尼戒，對他們來說即使犯了也只是惡作，因此戒條比較簡單。但比丘和比丘尼的戒條非常多，它的種類包括在五種墮罪當中，也即他勝罪或者說根本罪、僧殘罪、墮罪、向彼悔罪、惡作罪。所謂的他勝罪，比丘來講有殺盜淫妄四個；比丘尼再加上不共同的四個，共有八個他勝罪。僧殘罪，比丘有十三種，比丘尼二十種。墮罪分捨墮和單墮兩種，比丘有三十個捨墮、九十個單墮，比丘尼有三十三個捨墮、一百八十個單墮。向彼悔罪，比丘四個，比丘尼十一個。惡作罪，比丘和比丘尼都是一百一十二條，只是後面兩條稍有差別。

　　按照《別解脫經》來講，所謂的他勝罪，如果具有一種隱瞞性，別解脫戒自宗觀點是不能恢復的；無隱瞞性的他勝罪可以恢復。如果犯了僧殘罪，通過僧眾可以懺悔清淨，也即依靠對僧眾作恭敬的五種行為來懺悔。墮罪當中，若犯捨墮罪則通過暫時捨棄犯罪之物進行懺悔，單墮罪通過長淨儀式可以清淨。他勝罪的粗墮罪和僧殘罪的粗墮罪，通過長淨儀式也即誦戒方式可以清淨。向彼悔罪依靠其他方式不能懺悔，要在經堂周圍、僧眾面前大聲地哭⑭：「我今天犯了罪，怎麼辦哪？」個別女眾有時候大聲地哭，可能她犯了向彼悔罪，在懺悔吧……犯戒者大聲地哭，然後僧眾接受他的懺悔時，可以清淨罪業。惡作罪在平時長淨儀式時可以清淨，有些

⑭由於要以悲哀的形象分別懺悔，因而稱為向彼悔。

在自己心中懺悔也是可以的。

　　比丘和比丘尼的戒律全部包括在五種墮罪當中，沙彌來說有同分的五種墮罪，真正的五種墮罪是不犯的，因此沙彌的戒條與比丘、比丘尼的戒條相比非常簡單。

　　一個人做了很不好的事，一想到很難清淨，會生起極大的後悔心，這時用藏族民間傳統的一種說法：騎著駿馬也趕不上。意思是說後悔心非常大。所以，通過學習《讚戒論》，在自相續中好好守持清淨戒律，這對每個修行人來講非常重要。《毗奈耶經》云：「追悔中死亡，死後墮惡趣。」破戒之人在追悔之中死亡，後世也必定會墮入惡趣。

　　實際上，人們只是不知道女人的過失才會出現犯戒的現象，因此無垢光尊者嚴厲譴責女人。作為女眾，男眾是最大的障礙；作為男眾，女眾是最大的修行障礙，大家都應該注意。

　　無垢光尊者說：「尋求寂滅解脫菩提者，最大違緣魔障狡詐女，諸眾侮辱違背聖教理，當捨禍害根源諸女人。」真正想獲得寂滅菩提的修行人，最大的障礙就是狡詐女人，她最初用各種手段欺騙和引誘你，使你失壞戒律，最後自己也非常後悔。這時，很多人都會侮辱你，自己也已經違背了釋迦牟尼佛的教理。所以，一定要捨棄一切禍害根源之女人。

　　「何者雖已趨入聞思修，因遇女人從而失此法，見

第四課

與未見異熟無可量，當捨禍害根源諸女人。」很多人真是這樣，原本聞思修行非常不錯，後來因為戒律不清淨，已經失去了聞思修行的機會，從此對這方面一點興趣也沒有。所以，上師如意寶經常講：凡夫人的煩惱與外境有很大關係，首先應該注意避免自己的一切違緣。在遇到女人以後，如果已經失壞戒律，無論可見和不可見的異熟果都是不可估量的。為什麼說「見」呢？可以現見的，一個人在還俗以後，已經有了孩子和家庭，即生便會感受不可估量的痛苦。作為無法見到的，後世所感受的異熟果——墮入惡趣等也不可估量。所以，應該捨棄禍害根源之女人。

「何者雖已趨入利他行，因依女人名聲將受損，事業不成無能利有情，當捨禍害根源諸女人。」無垢光尊者說：有些人已經趨入利益他眾的行列，或者說已經趨入這種行為，但是因為女人，他的名聲會大大受損。

有些大活佛、大堪布，說好聽一點，已經接受空行母；說難聽一點，反正已經還俗了。不管是有密意還是沒有密意，他的弘法利生事業肯定會大打折扣。以前人們非常尊重他，在還俗以後，依靠他自身具足的少許功德，部分信眾會對他供養、恭敬，但不再像以前那樣被眾人所公認。所以，女人是利眾事業的道路上最大的危害，一定要捨棄禍害根源諸女人。

現在這種現象真的很多。法王如意寶經常講：對一

《讚戒論淺釋‧智者走向解脫之教言》講記

些高僧大德，很多女人都有信心、貪心、歡喜心，自己若想真正地修行，應該盡量制止自己的煩惱，不損害其他高僧大德，這是非常重要的。

「雖為智者然卻遭眾譏，因失希求無法利他眾，失毀行為遭受俗人笑，當捨禍害根源諸女人。」雖然具有一定的智慧，但依靠女人會遭受各種各樣的譏毀，從而喪失希求，再也無法利益他眾，由於失毀了自身的行為，就連世間無有任何智慧的人也會譏笑你。所以，應當捨棄禍害根源諸女人。

「雖為肅者然已破律儀，護法遠離眾天不歡喜，以重罪故現後受痛苦，當捨禍害根源諸女人。」「肅者」也就是指敦肅之人，一般藏文中是戒律非常清淨的意思。原本戒律非常清淨的修行人，人們都將之作為恭敬的對境，在他破戒以後使護法神遠離、天眾不歡喜，以他深重的罪業會感受今生來世各種各樣的痛苦。所以，應該捨棄禍害根源之女人。

第四課

「雖為賢者然卻增貪惑，現世迷亂任意享欲妙，惡劣影響罪垢染他人，當捨禍害根源諸女人。」這裡「賢」是從弘法利生的事業方面來講。具有一定弘法利生事業的賢者，後來依靠女人，貪心越來越增長，世間迷亂的瑣事和現象越來越多，對於世間欲妙直接享用，以這種惡劣行為會沾染很多人。比如一個人本來非常了不起，對眾生很有利益，事業也很成功，在染上這種罪

業以後，不知不覺中非常喜歡享受世間欲妙，以這種惡劣影響，會使其他清淨戒律的出家人染上罪業。應當捨棄禍害根源諸女人。

「雖具信心出離勤修法，若遇女人今生失自在，失解脫道永漂輪迴中，當捨禍害根源諸女人。」雖然自己具足出離心和信心，以及勤於修法的精進心，但在遇到女人以後，即生已經失去了自由，來世也一定會墮入惡趣。

原來德巴上師給我們傳《大圓滿前行》的時候，我記得當時有一個人，以前他是一個很好的修行人，在德格等地方求學，後來還俗了。他說：我原來的出離心和菩提心還是很不錯的，後來遇到了一個……現在全部失去了。真是這樣，以前具有一定的出離心和信心，後來在修行上遇到違緣以後，即生沒有一點自由，整天在無有任何實義的瑣事中度過。

學院裡面有些還俗的人，一開始還會念《繫解脫》，因為以前畢竟在上師面前發過願，但經過兩三個月，整天忙於在家的一些事情，連一遍《繫解脫》也不會念了。因為既沒時間也沒興趣，總認為：現在一切都完蛋了。以前的出離心和信心，在遇到女人以後全部都會失去。作為女眾也應該想：遇到男人以後，會失壞自己的戒律，即生忙於瑣事，再不會有修行的機會。所以，一定要捨棄一切禍害根源之女人。

《讚戒論淺釋·智者走向解脫之教言》講記

「雖為真實入定諸禪師，遇女人善法皆失損，遠離神山遊蕩鬧城郊，當捨禍害根源諸女人。」經常喜歡入定的人，在遇到女人以後，自己以前的禪定、善法全部都會失損。以前一直住在寂靜地方的人，在還俗以後不得不進入鬧市，有些做生意，有些在公交車裡當服務員：「到都江堰、到都江堰⋯⋯」這些人為了養活自己特別可憐，別人看了這種行為也是非常可憐。當捨禍害根源諸女人。

第
四
課

第五課

丁二（思維死時所現景象而應取捨之理）分二：戊一、持戒之功德；戊二、破戒之業感。

戊一、持戒之功德：

即使未修持他法，僅對因果詳加取捨、清淨戒律之人，於臨死之時，眾多空行、勇士也會迎接此人前往清淨剎土。

無誤取捨因果持戒士，死時勇士空行作迎接，

稱說善來趨入此善道，往生極樂剎土增安樂。

即生能夠無誤取捨因果、守持清淨戒律的大士，不管女士還是男士，在臨死時，很多勇士、護法神、空行母會來迎接。顯宗也有這種說法，人在臨死往生時，很多天眾迎接他到西方極樂剎土。根據密宗的說法，會往生極樂世界、吉祥銅山、香巴拉國土等很多清淨剎土。並且，這些勇士空行說：「善男子，你應趨入此善道。」隨後出現光道從而前往極樂世界等清淨剎土，獲得無比安樂。

通過身語七業或者十種業，最終獲得增上生、決定勝之果，這一道理是佛陀宣說的，大家應該對此遣除一切懷疑、生起誠信，細緻取捨總別一切因果。尤其守持清淨戒律的殊勝大士，今生與來世都會享受安樂，死亡來臨之時，於其自現境界前，出現無數空行地行持明者、勇士空行眾，為他指引道路。

《讚戒論淺釋・智者走向解脫之教言》講記

大家都知道，從真正了義的經續部而言，是不是真正來一個人迎接也很難說，一般都是自現境界中出現的。比如阿彌陀佛的所化境在極樂世界，但以其大慈大悲力可以幻化各種各樣的景象，有些以阿彌陀佛的形象來到臨終者面前，有些以幻化身的天眾空行眾來到面前。

這些持明者說：「善男子，善來，您所趨入的此善道是通往極樂世界或銅色吉祥山之道。」這些現象，比如前往西方時顯出一種五彩繽紛的光，前往西南方吉祥銅山也會出現妙音或者光道等，有時其他人也可以見到。這些光道就像階梯一般，用五顏六色、絢麗多彩的優質綾羅綢緞鋪設，柔軟舒適。

第五課

這種景象在很多境現中可以真實顯現出來。欽則益西多吉有一天對弟子說：「你準備好筆和紙，明天我們到蓮花生大士那裡去。」第二天早上陽光普照大地，這時從西南方出現一條如同階梯般的光道，一直伸到窗戶前。師徒二人沿光道去往吉祥銅山，聆聽上師的很多教言，欽則益西多吉的弟子作了記錄。後來在很快時間中返回來了。所以，有些上師未捨肉身也可以直接去往清淨剎土。

往生時出現這種階梯，猶如變魔術般瞬間往生到清淨剎土，並且增上無比安樂。這種情景，作為凡夫人很難想像。因此大家要誠心發願並盡力修持，力求真正往生諸佛菩薩讚歎的清淨剎土，這一點至關重要。也就是說，僅僅

對往生生起一種羨慕心不是很重要，真正於自相續生起這種殊勝境界，並且往生清淨剎土才是最重要的。

《聖者大鼓經》中的一段授記文講到，即生清淨戒律、修持真正的佛法，不論何種身分，將來必定往生清淨剎土。經中說：帝王，你的太子非常好，他猶如丟唾液一般，已經捨棄如此莊嚴的六萬王妃，了知一切貪欲無有恆常之理，並說：真稀有！一切貪欲無有恆常、穩固、持久。後來捨俗出家，於娑婆世界成佛，佛號釋迦牟尼。麥彭仁波切在《白蓮花論》中引用過這個公案。經中又云：大王您變成樂匝哦童子，又稱世間諸眾見喜。於此世間，怙主佛陀示現涅槃後，佛陀教法的果法期隱沒之時，又過八十年，國王您成為持慧比丘，不惜生命發掘弘揚此經。又過一百年，死後往生極樂世界。

這實際是對龍猛菩薩的一種授記，龍猛菩薩以前做國王時，釋迦牟尼佛曾轉生為他的王子。根據發心不同，王子先成佛，名字叫做釋迦牟尼佛，後來國王在佛滅度後，再過八十年成為持慧比丘，再過一百年後往生極樂世界。

對於龍猛菩薩現世的時間有不同說法，有說是佛滅度後八十年出現於世，也有佛滅度後一百八十年、二百年、四百多年等不同說法。不管怎樣，龍猛菩薩後來往生極樂世界。

經中又說：你往生極樂世界以後，能夠顯示眾多廣

大神變，住於八地⑬。其中一個身相住於極樂刹土，一個身相化現於兜率天，於怙主彌勒菩薩前請問此《大鼓經》的種種道理。

龍猛菩薩說：「我此往生極樂刹。」後面的偈子此處未引用，意思是說：我現在往生極樂世界，以後也會入於此身體繼續度化眾生⑯。前段時間上師如意寶講：時輪金剛弘揚於人間時，龍猛菩薩會入於此身體再次弘揚中觀法門。當時樂行王子砍掉龍猛菩薩的頭顱以後，他的神識飛往極樂世界，身體則變成一座山，砍掉的頭變成一座小山，將來佛法真正的再弘期出現時，兩座山合而為一，此時龍猛菩薩再次出現度化眾生。印度有這樣的傳說，也可以說是歷史上的記載。

這裡說，真正的高僧大德、持清淨戒律的人，最後直接往生極樂世界。《四百論》的作者聖天論師離開人間時說：「去呀聖天去，光身赴淨刹。」他說：去呀！我聖天今天就去，我的光身直接赴往清淨刹土。《入行論》說：「因昔淨善業，生居大蓮藏，芬芳極清涼，聞食妙佛語，心潤光澤生，光照白蓮啟，托出妙色身，喜成佛前子。」因為往昔所造的善業，將於極樂世界的蓮花中出現，這時可以感受清淨芬芳之香氣，聞食阿彌陀

---

⑬也有人說龍猛菩薩是七地菩薩。宗喀巴大師在《善解密意疏》中講過這方面的道理。
⑯樂行王子以吉祥草割斷龍猛菩薩的頭顱後，其頭顱吟出「我今往生極樂刹，將來亦入此身體」的偈頌。詳見龍猛菩薩傳記。

佛之妙語。這時佛陀身體開始發光令白蓮開啟，出現自己善妙的身體，於諸佛菩薩面前令其生起歡喜，顯示種種神變，於種種清淨剎土利樂有情。

另外，如華雲侍者的公案所說，因守持淨戒、發清淨心，最後直接往生佛剎。華雲侍者的公案，其他資料中沒有找到詳細公案，堪布根華仁波切在《入菩薩行論》講義裡大概講過：在印度那爛陀寺的旁邊，有一群孩童正在玩耍。當時他們附近出現一團很猛厲的風，小孩子以玩耍心用石頭擊打風團，這時出現一個形狀非常醜陋的餓鬼，它說：「你們不要打我，我已經很可憐了。」孩子們看見它時，它的身上開始燃火，口中也發出火焰，非常可怕。而且，它的兩隻腳不像正常人的腳一樣，而是翻向後面的，它自己非常痛苦。這些孩子向餓鬼問話時，它不願意靠近，而是在口中發出印度梵語桑智達的聲音。

旁邊一位修慈悲心的瑜伽士，在洞裡聽到了小孩子們的聲音，也聽到了這種梵音。瑜伽士覺得很稀有：這麼小的孩子怎麼能說出這種天語？他出來一看，發現是一個長相非常可怕的餓鬼。瑜伽士問：「你怎麼會變成現在這樣的？」餓鬼說：「你讓這幾個小孩子躲開，我才可以說，不然我不能說。」瑜伽士讓幾個小孩子離開，餓鬼隨後講了自己的經歷：我曾經是那爛陀寺一位叫做嘉瓊的堪布。當時我認為自己對什麼都可以說了

算，隨便享用了僧眾的米飯。而且，未脫鞋直接進入放有佛經的殿堂，以此原因才使腳變成現在這樣。

希望以後凡是有佛像、佛經的經堂當中，千萬不要穿鞋。我以前也說過，現在很多金剛道友在每次上課時直接穿鞋進經堂，這是非常可怕的事情。當時那位堪布沒有脫鞋進入經堂，後來變成餓鬼的時候腳向後長。因此，有些人經常將我的鞋拿到經堂裡面，非常可怕。希望大家以後脫鞋的時候，最好在經堂門口，雖然下雨的時候有一點點困難，但也不是大問題。

餓鬼說：因為享用僧眾財產的緣故，要在餓鬼道中受苦一萬五千年，身體會燃火，口中也會燃火。隨後，依靠我的業力仍然會墮入地獄。當時我的侍者叫華雲，他對僧眾非常恭敬，對僧眾的財產十分謹慎，他在臨死的時候，很多空行勇士前來迎接，並且出現各種各樣的彩虹，後來往生到清淨剎土，現在看來，他一定已經解脫了。

餓鬼說完以後，瑜伽士問他：「你為什麼讓這些小孩子離開？」它說：「這些小孩子原本是我的弟子，現在他們已經獲得人身。如果讓他們聽到我的情況，他們可能會生起邪見而墮落。」它緊接著說：「山上有一位修行者，我現在要去害他了……」這時，慈悲瑜伽士對他說：「既然你以前在那爛陀寺也當過堪布、三藏法師，現在為什麼要去害其他修行人？」餓鬼說：「我雖然從道理上非常明白，但以業力感召也是無可奈何。」

第五課

說完變成一團兒風，前往山上的山洞去了。

所以，華雲以前是嘉瓊堪布的侍者，他當侍者時對僧眾的財產非常謹慎，後來往生到了清淨剎土。堪布可能是以一種傲慢心，認為自己做什麼都可以，後來變成了餓鬼。

以前法王如意寶不知道什麼時候，也講過嘉瓊堪布的公案，上師說：非常可怕，以後在大經堂裡面不能穿鞋。不過前段時間，我們商量學院的事情時，很多人說：「經堂裡面經常有一些很髒的坐墊，還有些人穿鞋到經堂裡面，有什麼辦法可以制止？」當時有人提建議：先給僧眾講一下這些道理，然後將經堂裡面的鞋子全部扔出去，墊子也是全部扔到車裡面，扔到很遠的地方去……。所以，不管在哪一個寺院，雖然有些寺院有規定，有些寺院沒有規定，有無規定都不重要，就像嘉瓊堪布的公案所說的，有佛像、佛經的殿堂不能穿鞋進入，這方面大家應該注意。

戊二、破戒之業感：

未能如理取捨犯戒者，死時恐懼猙獰獄卒說，

惡劣有情趣入此劣道，殺叫聲中身拖鐵刺原。

沒有如理如實取捨因果而犯戒的人，在死亡時，非常恐怖、面目猙獰的閻羅獄卒也會說：你這種惡劣的有情趣入此惡道……。一邊說一邊在「殺殺打打」的叫聲中，將破戒者拖到鐵刺原中。

中陰法門著重講過這些道理，尤其對造過非常嚴重惡業的人，以及未能如理如法取捨、違犯無上解脫聖道戒律之學處者，在他未斷氣時，其面前會出現非常恐怖、身量相當於十三個普通人身高的閻羅獄卒，並且以十分恐怖、令人毛骨悚然的表情，怒沖沖、惡狠狠地說：「你和如你一般的惡劣有情，在人間經常輕毀佛陀的教言，損害佛教如意寶、不取捨因果、積累眾多惡業，今天理應趨入此惡劣之道中。」

嘉瓊堪布也是如此，當時瑜伽士問它：「你已造下惡業，難道未作懺悔？」它說：「因為當時有輕毀心，現在無法懺悔。」所以輕毀心非常可怕：佛陀說了又怎麼樣，佛陀說也不會這樣……。別解脫戒裡面有很多佛制戒，對此有輕毀心的話，一定會墮入地獄。

對於這方面，很多律藏論師的辯論相當大。有些人認為，犯根本戒的人，沒有輕毀心不會墮入惡趣。有些說會墮入惡趣。以前學院內對此辯論得也特別多。作為佛教徒，尤其輕毀心是非常嚴重的，如果有輕毀心，就像嘉瓊堪布所說的：因為當時的輕毀心，在一萬五千年當中不會改變而感受痛苦。

閻羅獄卒說完以後，於破戒者面前立刻出現非常恐怖的三險地、四恐怖聲，以及煞氣騰騰的「打打殺殺」聲，在這種迷亂境界中，獄卒於其脖頸套上黑索，用銅鐵手指刺入頭中，並將身體拖到布滿銅刺、鐵刺的平

原、山谷當中。

這裡面所說的三險地、四恐怖聲，在蓮花生大士的《聞解脫》當中有。三險地⑰，一般是指出現白光、紅光、黑光，黑光出現時非常可怕。四恐怖聲⑱，指人在臨終之際，四大入於地水火風時會出現的恐怖聲響。堪布阿瓊作的《大圓滿前行引導文》的講記⑲當中都有提及。

我大概是11歲的時候，在我們讀中學的地方開大會，對有些犯罪分子拉著頭髮，一直拖，景象非常恐怖。很多小孩子不敢看，當時我們認為是不是地獄到人間了……現在看來，當時的思想也算比較成熟。

罪孽深重者必將墮入寒熱地獄感受難以堪忍的苦痛，我們應對這種惡劣業感、地獄景象生起厭離之心。

《念住經》說：「何者若以強烈貪心憶念非理女人，以邪念而邪淫，則彼死後將墮入邪道惡趣，感受無邊地獄痛苦於彼處遭受種種危害折磨。因其以作已積集業⑳感召，其感受力十分強烈，即遭受以火燒身、兵器砍殺、鹽水澆燙、重病纏繞，此等所說之苦感難以想像、無法衡量、不可比喻。如是地獄有情皆由自心迷惑，乃

《讚戒論淺釋·智者走向解脫之教言》講記

---

⑰三險地，以貪心自相見何處皆為紅光；以嗔心自相見何處皆為白光；以癡心自相見何處皆為黑光。
⑱四大恐怖聲，也即如大地震動之聲、如烈火燃燒之聲、如狂風猛吹之聲、如洪水衝擊之聲。
⑲《前行備忘錄》，阿瓊堪布著。
⑳從作和積的角度，可以將業分為四種：作已積集業、作已不積業、積而不作業、未積未作業。具足六個條件就稱為作已積集業：一、故意做；二、業支分圓滿；三、已做不悔；四、無有對治；五、具足隨喜等從屬；六、異熟果報必定成熟。

至所造罪業未滅盡或斷盡之前，將於數十萬年中感覺燒焦之苦。從地獄中解脫後以順後受業感召，不轉生為餓鬼旁生，而轉生於同緣分人類中。轉為人時，亦將成為貧窮者、山野者、寂靜者、畏怖者及山野者之奴僕，恆時罹患眾病。」

從地獄中解脫以後，依靠順後受業的感召，不一定轉生為旁生和餓鬼，而是以同分等流果直接轉生於同緣分的破戒律者當中。轉為人身以後，經常成為打獵等貧窮者。經中所說的「寂靜者」，即在非常孤獨的山裡或者偏僻地方生活，並不是修行人所稱謂的寂靜者。

《三摩地王經》云：「破戒墮惡趣，多聞不能救。」《入中論》也說：「失壞戒足諸眾生，於惡趣受布施果。」即生雖然作大量的布施，但戒律不清淨的話，來世於惡趣中會轉生為財護餓鬼等，依靠以前布施的果報，雖然擁有很多財寶，自己卻無有享用的能力和福報。所以，不具足清淨戒律，甚至作布施也不能直接感受受用果。

第五課

第六課

下面宣講托噶如意寶造的《讚戒論淺釋‧智者走向解脫之教言》，現在正在講論義。整個論義部分，主要從讚頌持戒的功德、呵斥破戒的過患兩方面來宣說。前面講到，破戒者雖然精進布施，來世也是在餓鬼道感受惡趣的果報，對此根據《入中論》的教證進行了宣說。

丁三（思維死後來世苦樂而應取捨之理）分二：戊一、總說持戒功德及破戒過患；戊二、分說黑業白業之果報。

戊一（總說持戒功德及破戒過患）分二：己一、順福德分守戒之樂果（持戒功德）；己二、以貪心見女人之過患（破戒過患）。

己一、持戒功德：

隨福德分持戒，也即未以空性大悲藏所攝持的善根。

雖無出離發心所攝戒，然以清淨善願守戒者，

將成天女圍繞之天子，享受圓滿五欲生極喜。

從大乘發心來講，出離心和菩提心至關重要。有些人以無有善知識、環境等各種原因，雖然未以出離心和菩提心所攝，僅僅以清淨善願心守持清淨戒律，這種人將來也會轉生為天子，有成千上萬的天女圍繞，享用圓滿的色聲香味等所有世間欲妙，以此生起極大歡喜心。《大圓滿前行》中也說：為了將來獲得人天福報、不墮

惡趣，應以清淨善願心守持淨戒，就像以前難陀想享受天界安樂而守持戒律一樣。所以，即使未以菩提心和出離心攝持，也不會墮入惡趣，一定會轉生善趣天界當中享受五欲的快樂。

下面托嘎如意寶對此作了非常殊勝的解說。我想很多人可能非常羨慕上師如意寶，覺得自己能見到托嘎如意寶該多好！現在惡劣濁世的眾生真可憐，有這麼殊勝的高僧大德卻未見到。其實真正見到，最多也就是講這些教言，托嘎如意寶講密法非常少。以前上師如意寶也講過：托嘎如意寶傳授密法一般不公開，也不經常傳。所以，我自己有時候想：要是能像上師如意寶那樣，到石渠求學、面見這些大德的尊顏，也是有非常大福報的。但有時候來看，即使見到托嘎如意寶，可能也像現在的老喇嘛一樣。因為當時他的名望、身分不是很高，除了石渠、色達一帶的人以外，很多人根本不知道，我們見到也不一定生起歡喜心。上師如意寶說：有些善知識在世的時候，很多人不一定生信心，當他離開人間或者只有作品留在人間的時候，人們才知道，這個人真的很了不起。這時候對他的弘法利生事業生起信心。

因此，作為我們來說，一方面能夠遇到上師如意寶應該心滿意足，另一方面，哪怕見到托嘎如意寶，除了這些殊勝的教言以外，可能也沒有更殊勝的教言了。

從別解脫自宗而言，以出離心所攝的一切善根，是

從輪迴中獲得解脫之因，像阿羅漢或小乘自宗所承認的一樣；以菩提心所攝的一切善根則是成佛之因。但是，除了一些聖者高僧大德以外，一般凡夫人的相續中，未精通三藏教典、未被善知識攝受，

這種人不一定能真正生起不墮有寂二邊的出離心。此處所說的「不墮有寂二邊」，實際指阿羅漢所證悟的人無我空性，也即以此人無我空性所攝持的三界猶如火宅般的出離心。

以出離心及願將所有眾生安置於佛果的清淨菩提心，二者所攝的善妙戒律，在有些人的相續中雖然暫時無有，然而發起清淨善願，為了獲得增上生之功德，而守持一切解脫道之階梯的別解脫戒，乃至僅僅受持八關齋戒㉑等少分戒律者，其果報必將轉生於天界，在以諸多飾品嚴飾、舒心悅意、美妙莊嚴的天宮中，成為精通技藝、相貌端嚴、見而生喜、青春年少的天子，四周圍繞諸多嫵媚可愛漂亮的天女供養承侍，在壽量未盡之前，一直享受安樂圓滿的色聲香味觸五種欲妙，內心極其喜悅。

如上所說，未以菩提心和出離心所攝，僅僅發起清淨善願心，甚至守持別解脫戒中乃至一分戒律，其功德

㉑八關齋戒：『八』指八種戒，『關』即閉之意，『戒』有防非止惡之作用。能守持八戒，可以防止身口意三業之惡行，由此可以關閉惡道之門。八戒中前七支為戒，後一支不非時食為齋，合稱為八關齋戒。對此八法，佛陀制定於每月六齋日受持，即每月八日、十四日、十五日、二十三日、二十九日、三十日（以中國農曆算，小月可改作二十八日及二十九日）。所謂的八種齋戒法：一、不殺生；二、不偷盜；三、不淫；四、不妄語；五、不飲酒；六、不以華鬘裝飾自身，不歌舞觀聽；七、不坐臥高廣華麗床座；八、不非時食。此八關齋戒並非終身戒，僅為短期受持之暫時戒。

也不可思議。

　　有些人有這種說法：破戒的果報非常可怕，乾脆不受戒好一點。這種說法肯定不合理。《三摩地王經》中說：哪怕一天受一分戒律，功德也不可思議。釋迦牟尼佛說：在我的教法下乃至受一分戒者，於將來彌勒菩薩成佛轉法輪時，必定會獲得解脫。榮敦大師和喬美仁波切等，曾運用很多教理對此作過說明。

　　現在泰國、新加坡等很多地方都有短期出家的方式，但在律藏中暫時還未發現這方面的詳細說明，我也曾問過一些專門為其他人受短期出家的律師，他們也沒有說出哪部經中有短期出家的教證。所以這種說法，到目前為止也沒有一個很確切的答案。但從理證角度來說，不管七天、七個月還是七年，能夠守持這種清淨的戒律，應該承認有很大功德。托嘎如意寶在這裡也從守持齋戒的角度作了解釋。

　　《勝者智慧經》中說：欲獲善趣當持戒，欲獲解脫當修行。世親論師也有與此相同的教證。其中善趣是指人天福報，想要獲得人天福報，持戒相當重要。《別解脫經》也說：「趣入善趣者，渡河之橋梁。」想要趣入善趣，必須渡過輪迴的大河，戒律則相當於橋梁。《廣戒經》云：「雖耳未聞眼未見，持戒之人趣善趣。」雖然以現在的耳根無法聽聞、肉眼也無法見到未來的去處，但只要守持清淨戒律，這個人最少也會獲得人天善

趣。因此，對於未來的很多事情，並不是可以耳聞目睹的，但通過比量推理來了知，只要持戒，將來一定會轉生善趣。

但是，沒有以菩提心和出離心攝持的緣故，不能以此趨至究竟解脫之乾地，仍然需要重新入道。因此，不應該為了獲得善趣安樂而守持戒律，必須以出離心、菩提心攝持而受持淨戒。

己二、破戒過患：

二身雖未接觸犯淫戒，然以貪心眼看少女行，

恐怖閻羅用以燃燒沙，反覆塗入眼中真痛苦。

雖然男女之間沒有接觸而犯下不淨行的根本戒，但是，僅以貪愛心眼看少女的行為姿態、音容笑貌等，也會產生很大過患。作為一個真正的修行人，以貪心眼看少女也不合理。如果是女眾，以貪心眼看男人的行為和姿態，也有很大過患。什麼過患呢？今生若以貪心眼看少女或男人，來世必定會有可怕的閻羅卒以燃燒的熱沙反覆塗抹你的雙眼，這種痛苦非常難忍。

以前上師如意寶講過：受戒的男眾女眾盡量少接觸，你們雖然沒有犯真正的根本戒，但是凡夫欲界眾生很難不生貪心，以貪心經常看他人，也會造下無量惡業。因此，平時守護自己的根門非常重要。我等導師釋迦牟尼佛說：「你甚至不應以眼看女人。」不要說親自與之接觸等做不淨行，僅以眼看女人也不合理。佛陀在

《讚戒論淺釋·智者走向解脫之教言》講記

69

經中如是作了嚴厲的遮止。

所以，雖未以二根接觸而犯下分支圓滿㉒的根本戒，然而無有穩固的出離心緊緊護持自相續，以貪心引發眼看豆蔻年華少女的身姿行為，其異熟果也是非常可怕：面目猙獰、凶狠恐怖、行為粗暴的閻羅獄卒們，氣洶洶、惡狠狠地以熾熱燃燒的銅沙鐵沙，不僅一次而是在業力未盡之前，反覆塗入其眼根之中。地獄眾生或者旁生等，它們的忍耐力非常非常脆弱，在感受這種痛苦時非常難以忍受。

大家在心裡應該想：這種眼看少女或男人的行為，僅僅是瞬間的一種安樂，依此將在以後漫長的時間中感受如此難忍的痛苦。一想到這些痛苦業感的境現，應生起極為強烈的厭離之心。

《念住經》中說：「具戒者若以非理作意看女人，則將以熱沙燒其雙目。」此處非理作意即貪愛之心。布敦仁波切也說：「見女若生非理意，眼為烈焰銅水燒。」前面說「熱沙」，此處說「銅水」，說法稍微有一點不同。他說：如果生起非理作意，並以貪愛心眼看女人，此人的雙眼將來會以燃燒的銅水燒爛。總而言之，即生中僅以非理作意眼看女人，也有非常大的過患。

戊二（分說黑業白業之果報）分二：己一、略示持戒、破戒之果報；己二、廣說其分類。

㉒基、意樂、加行、究竟四支分圓滿具足，即犯根本戒。

己一（略示持戒、破戒之果報）分二：庚一、唯以持淨戒得功德；庚二、以破戒過患墮惡趣之理。

庚一、唯以持淨戒得功德：

下面講唯以持戒功德即可獲得解脫之理。

無論何人受持清淨戒，雖無一分聞思修功德，

死時必定往生清淨剎，行善無欺緣起之特法。

不管你是高尚還是低劣，哪怕不具足聞思修行方面的一分功德——記憶力不太好，思維能力有限，整天散亂，就像很多人說的：「我太笨了，太笨了，我現在一點修行也沒有，怎麼辦？我覺得心特別特別煩……別人可以背誦幾部論典，我連一部論都不能背。」但只要你守持清淨的戒律，臨死時一定會往生極樂世界等清淨剎土。

這裡已經講了，只要受持清淨戒律，沒有一分聞思修行的功德，死時也必定往生極樂剎土，並沒有說「可能」或者「也許」。所以，希望有些老年人不要痛苦，認為：現在已經老了，聞思修行很多方面非常困難，怎麼辦呢？人生非常短暫，再回到年輕時代也不可能了。很多人心裡有點痛苦和執著。實際上，只要守持清淨的戒律，在臨死之前對上師三寶不生起邪見、自己精進修持的話，一定會往生極樂世界。

這是傳承上師們的教言，我們對此要生起確信：死時必定往生極樂剎。為什麼呢？這是行持善法的無欺緣起之特法。清淨戒律實際是解脫之因，這是無有欺惑的一種緣

起特法，只要因緣具足就一定會得到這一結果。比如現在到美國的因緣全部具足，你在很快時間中就會到達那裡，前往目的地也有坐飛機等各種途徑。同樣的道理，只要因具足，就一定會到達清淨剎土，這也是釋迦牟尼佛教法的一種特點：因緣具足，果必定會顯現。因此，革瑪旺波用很堅定的語言說：有些人即使沒有任何聞思修行的功德，只要受持清淨戒律，一定會往生清淨剎土。

無論任何人，具有福德善緣且自相續未被破戒罪行所染汙，僅僅如理如法守持一切功德之根本的戒律如意寶，此人雖然無有其他廣聞經典之聞慧、斷除增益之思慧，以及串習法義之修慧等增上生、決定勝的功德，但在死亡降臨時，也必定會往生極樂世界等清淨剎土。大家對這一點應深信不疑。而破戒者作布施等很多善事，或者精進聞思修行，死的時候也不一定會往生極樂世界，這就是一種緣起的特法。表面看來，他做的善事非常不錯，也很精進，那他能不能往生呢？不但不能往生，很有可能會直接墮入惡趣。其原因是，大慈大悲導師釋迦牟尼佛教法的根本，就是戒律。以奉行持戒這一善法之因，所生與得地菩薩同等緣分的稀有安樂之果，這是一種緣起性。此緣起性永遠不會遷變，永遠不會欺惑我們。

空性與緣起不相違背，無欺緣起境現之自性，它是如海一切教派的無上特法。釋迦牟尼佛各種如大海般的

教法中，獲得解脫的途徑有種種不同，總而言之，無論依靠哪種途徑，最後獲得的解脫無有差別。這是世尊以知處非處智力所發出的獅吼聲。

所謂的知處非處，也即哪些因可以得到這一果，哪些因不能得到這一果。或者說，因果之間的應理與不應理，唯有佛陀才能了知。佛陀與聲聞阿羅漢不同之處，有一種叫做知處非處智力㉓。佛正是以了知處與非處的智慧力發出了這一獅吼聲，任何一個人沒有任何理由說：受持清淨戒律不會獲得此種果位。

《三摩地王經》云：「縱然精通一切法，若以聞慢不持戒，破戒必將墮惡趣，多聞無法救護彼。」

庚二、以破戒過患墮惡趣之理：

若無淨戒守護自相續，外表裝作廣行聞思修，

無利漂泊輪迴惡趣處，具貪愚者滿業受痛苦。

如果沒有以清淨戒律守護自相續，外表裝模作樣地廣行善法、聞思修行等，實際對解脫也無有任何利益，反而會漂泊於輪迴惡趣當中，具有貪心的愚者，以滿業㉔感受種種痛苦，非常可怕。

㉓佛陀具足的十力功德之一。十力：一、知處非處智力；二、知業報智力；三、知靜慮解脫等持等至智力；四、知根勝劣智力；五、知種種信解智力；六、知種種界智力；七、知遍趣行智力；八、知宿住隨念智力；九、知死生智力；十、知漏盡智力。

㉔滿業：依靠前世所造之業，導致這一世出現苦樂等種種的感受。與之相對者為「引業」。人一生中所造作的種種業中，以最主要之一業招感未來世生於鬼、畜、人、天等諸趣之果報，即為引業；而其他諸業，於已招感之六趣果報中，能決定六根是否具足以及身體強弱、壽命長短、貧富貴賤等種差別之果報，此即稱為滿業。比如畫師畫人體，先畫人之輪廓，再於其中細描眼眉口鼻等，輪廓猶如引業，細描之眾彩猶如滿業。

《讚戒論淺釋・智者走向解脫之教言》講記

大家都知道，自相續沒有以真實出離心攝持的清淨戒律來守護，僅僅為了在他人面前炫耀自己，外表上裝模作樣地聽聞佛法、思維他過，甚至修持降伏等甚深法要，在他人面前說「我是密宗瑜伽士」，做出密宗各種各樣的法行，實際上，其相續根本未與正法相應，如此一來，不但對成辦自己來世的成就無有任何利益，反而會有極大危害。

自相續如果不具足清淨戒律，誠心誠意地懺悔是非常重要的。一般來講，能擔負起弘法利生的重任，無有任何自性執著，除真正的瑜伽士以外，其他人是非常困難的。所以，自己應該住在一個寂靜的地方好好懺悔，這是很重要的。

但現在的很多人，自相續不具足清淨的戒律，反而對具有清淨戒律者經常毀謗，自己裝模作樣地以各種所謂的密宗行為染汙清淨密宗，這種過失非常大。這些表面上的弘法利生和行持善法，全部成為惡趣之因，大家一定要注意。作為欲界眾生來講，煩惱非常嚴重，有時候實在因緣不具足，出家或者居士的行為、戒律已經染汙，自己應該好好聞思修行，真心懺悔，這是很重要的。不然，以貢高我慢的姿態，對真正的高僧大德、持戒大德一概毀謗的話，這種行為非常可怕，不但沒有任何意義反而有極大危害。

托嘎如意寶說：罪孽深重之人在呼吸間便會顯現今

生來世各種業感的痛苦，尤其此處所說的造大罪業者，或依靠密法而造嚴重罪業的人將墮入金剛地獄。比如所謂密宗的雙修、生圓次第，本來自己對這些修法根本不懂，卻以自相的貪執來行持，並冠以密宗的名號進行裝飾，如此隨心所欲之人必定會直接墮入金剛地獄。

這種行為非常可怕。如果實在不能守持小乘戒或者菩薩戒，你可以在眾人面前說：我以前是出家人，但現在已經還俗了，我會好好懺悔。這樣的話，人們都會理解。但是，你不要以密宗的行為來染汙密宗。這一點，在座的很多人值得注意。作為一個上師，看到這種景象的時候，覺得非常可怕，也非常生氣。比如有些人自己守持不了清淨的戒律，到處以密法的藉口說：現在法王的身體和我的身體無二無別，法王說要與你雙運……。

前一段時間有人是這樣說的：「現在我迎請法王融入我的身體，你與我雙運的話，與法王雙運沒有什麼差別。」這些語言，有時候通過我來講不是很方便，尤其做這些事情的人，到底是不是學院的也很難說。但是，現在大城市裡面經常有這種事情發生，聽到這種事情的時候非常生氣：為什麼將密法和法王如意寶通過這種方式進行毀謗？

有些人自己增上煩惱犯了戒，他們有時候不敢見我們。我覺得這也沒什麼，在學院當中為了整體的管理，不得不說，但是現在末法時代，破戒的現象非常多，只

要你的見解沒有破損、對佛法沒有起邪見，還是在行持善法的話，見我們應該沒什麼不敢的。最嚴重的、最可怕的、最憤恨的，就是以法王或者其他上師或者密法來染汙密法，這一點特別可怕。在座的所有金剛道友，各自的業力都不相同，有些即生中自己的一切善法都會圓滿，有些不一定圓滿，假設未能圓滿的話，我覺得懺悔很重要，千萬千萬不要以密法和上師等各種方式染汙或者欺騙其他眾生，這種罪過相當大。

雖然沒有墮入金剛地獄，也會墮在惡趣深淵當中，在無數大劫之中感受無量痛苦。假設暫時從惡趣中解脫，由於自相續無有出離心、菩提心等清淨種子，必定像水車之輪、瓶中之蜂一樣，接連不斷流轉於六道險地之中，漂泊於輪迴惡趣。其原因是什麼呢？在他人面前欺詐誘騙，肆意貪執欲妙以及行持世間八法，具有貪心、卑鄙劣行的愚癡者，終生依靠正法積累嚴重罪業，他們必定以滿業感召漂於輪迴惡趣之中遭受各種各樣的痛苦。

《佛藏經》中說：「舍利子，譬如閹割之人非男亦非女，破戒比丘與彼相同，非在家亦非出家，壽終後直墮地獄。」閹割之人無有所謂的男根，既不是男人也不是女人。破戒比丘與之相同，說出家卻不具足清淨戒律，說在家又穿著法衣等顯現出家相，這種破戒者在命終之後一定會直接墮入地獄。此處以比丘為例，實際比

第六課

丘、比丘尼、沙彌、沙彌尼都是相同的，死後無間便會直接墮入地獄。

己二（廣說其分類）分三：庚一、分說持戒往生淨土、破戒墮入地獄之理；庚二、持戒無勤得財、破戒轉生餓鬼之理；庚三、持戒天生具有芳香、破戒於不淨處轉為旁生之理。

庚一（分說持戒往生淨土、破戒墮入地獄之理）分四：辛一、總說生處；辛二、別說生處分類；辛三、生處資具等差別；辛四、以未來後世之苦樂勸生歡喜與厭離。

辛一（總說生處）分二：壬一、持戒功德；壬二、破戒過患。

壬一、持戒功德：

總說持戒之人將來所轉生之處極為美妙之理。

具戒將生廣大蓮花中，具足相好殊勝莊嚴身，
享用佛法無漏甘露味，嚴飾種種珠寶真歡喜。

具有清淨戒律的人，將來於天界蓮花中降生，具足一切殊勝相好的莊嚴身體，可以享用佛法的無漏甘露美味，其身體也以種種珠寶嚴飾，內心真是歡喜。

此處是極樂世界和清淨剎土眾生的一種描寫。清淨剎土的蓮花花瓣一般有一由旬，也即八公里左右。受持清淨戒律的大士，在往生後會轉生於此蓮花當中，獲得成就，具足殊勝善妙的三十二相八十隨好，身體無比莊

嚴，諸人天龍等也無法堪比，此端嚴身相令人見而生喜。以其福德力感召，隨時可享用不具任何不清淨染汙之勝妙佛法甘露喜宴，身體以綠玉、吠琉璃瓔珞、臂環等種種珠寶飾品嚴飾，並發出悅耳聲響，內心生起無漏悅意之感，真是歡喜。

第六課

第七課

《讚戒論淺釋》當中，下面講持戒者和破戒者的轉生之處。這也分總說和分說，總說生處裡面分持戒功德和破戒過患兩種，第一個前面已經講完了，下面繼續講第二個問題。

壬二、破戒過患：

嗚呼破戒燒熱大地上，龐大柔嫩劣身倒栽行，

飲用難忍沸騰銅水液，各種兵器砍割真痛苦。

破戒的眾生死亡以後，在燃燒的大地上，變成非常龐大的身軀，身肉如同初生嬰兒一樣非常脆弱，這種眾生以倒栽的方式行走，並有沸騰的水灌在口裡面、以兵器砍割它的頭，非常痛苦。

作者對於破戒者感受的痛苦果報生起強烈厭離心，在頌詞中運用了「嗚呼」的感歎詞。

破戒之人一般會墮入號叫地獄，倒在燃燒著熊熊烈火並散發濃濃黑煙的大地上，正如《念住經》、《涅槃經》等經中所說：由於種種不善業所感，地獄眾生的每一個身體非常龐大，高達五由旬至八萬由旬，甚至此南贍部洲也無法容納。這一點我們雖然無法見到，但在旁生當中也能見到身體非常龐大、極其惡劣的眾生。這些地獄眾生的身體，不僅龐大臃重且極為脆弱，就像剛剛初生的嬰兒身體一般柔嫩。投生為如此惡劣之身的有

79

情，以各自業感頭朝下倒栽而行，感受如此難忍痛苦的原因，就是曾經以出家人的形象享用僧眾的茶、稀飯等飲食。另外，獄卒將多如海洋的滾燙鐵水、銅水灌入口中，不由自主飲用這些難以忍受、熾熱沸騰的液體，燃燒內臟，同時還有寶劍、鋸子、短矛等各種兵器，砍割刺殺它的整個身體，感受眾多痛苦的異熟果。對於這種痛苦業感應該生起強烈厭離心。

《俱舍大疏》云：「誹謗淨戒者，苦行仙人者，彼等倒栽行，唯墮地獄中。」又經中說：「迦葉，有懈怠者，不持淨戒者，失壞沙門功德者，雖身著袈裟，不生恭敬之心；迦葉，有名為損害沙門色相之眾生孤獨地獄；迦葉，此孤獨地獄中，彼等身為比丘形象，衣裝燃火，頭上燃火、缽盂燃火、坐墊燃火、臥具燃火、所使用之物皆成損害，成為大火，火焰熊熊盛燃，一切沙門之色相皆成損害。何以故？如是身語意皆未清淨故，即身語意不清淨眾生便成為一切皆不清淨也。」如經中所說，懈怠者、不清淨持戒者、失去沙門功德者，雖然表面穿著僧衣，內心卻並未生起恭敬之心，這些人將轉生於孤獨地獄。以業力所感全部顯現為比丘形象，所有的資具全部變成燃燒的火焰。在《大圓滿前行》中也講過這種公案：有五百比丘，一到中午，缽盂等所有資具都會變成兵器，午後又會恢復原來的狀態，這就是以前他們在僧團裡用缽盂和出家用品互相打架所感受的果報。為什麼會這樣呢？身語意不清淨

的緣故，一切皆成為不清淨。

辛二（別說生處分類）分二：壬一、持戒功德；壬
二、破戒過患。

壬一、持戒功德：

具戒大士莊嚴無量宮，十萬幻化天女讚供養，

與諸佛子勇士眾會中，相互研討佛法真歡喜。

持戒的這種大士，以後會轉生於天界無量宮，有成
千上萬不可勝數的幻化天女對其讚歎供養，並且與諸佛
子勇士一起探討、辯論佛法方面的問題，這種生活情景
真是令人歡喜。

具有清淨戒律的大士，將往生於殊勝的清淨剎土，在
圓滿一切欲妙、天然珍寶組成的莊嚴無量宮殿中，諸佛幻
化的成千上萬天女，以抑揚頓挫的各種妙音讚歎他們的功
德，並對其廣作供養。此外，與諸位登地佛子勇士會聚一
堂，不是一次而是反反覆覆地研究討論深廣三乘佛法。

現在有很多人說：現在我學得很不錯，不用聞思修
行，不用研究、不用討論。其實在有關的佛經和論典中
經常講到，已經獲得第一地菩薩以上果位時，仍然不間
斷對釋迦牟尼佛深廣法門的研究和探討。所以，有些人
的說法太過分，不要說得地以上菩薩的果位，可能連資
糧道都還沒有入，但是講到甚深佛法的時候：「唉！這
沒有什麼可談的，證悟空性就可以了，我現在已經空
了……」真的已經證悟空性的話，對眾生的悲心會日漸

《讚戒論淺釋‧智者走向解脫之教言》講記

增長、我執會逐漸減少。所以，乃至獲得佛果之前，只要自己有能力，研討佛法、研究佛法是千萬不能捨棄的，這是最重要、最根本的一個問題。

這些具戒大士已經轉生到天人的無量宮，經常與諸佛子研討佛法，其斷證功德猶如夏季的河水一樣，湧湧難抑、澎渤向上，自相續真正生起了無比歡喜之情。誠如《花鬘論》的作者薩革拉尊者所說：「不失持戒者，恭敬於三寶，涅槃住彼前，死時將立即，轉生於天界。」不失壞戒律並且恭敬三寶的人，一定會獲得涅槃、獲得成就。這裡「涅槃」也即得到解脫的意思。這種人在命終之後，一定會轉生到天界當中，享受天人的一切安樂，隨後逐漸獲得其他功德。

壬二、破戒過患：

破戒童子燃燒鐵室中，業力所現惡劣羅剎食，

恐怖獄卒猛呼打殺聲，受此滅頭之苦有何感？

破戒的年輕人，死後以業力轉生於鐵室當中，被惡劣的羅剎所食用，還有成千上萬的恐怖獄卒不斷發出「打打殺殺」等恐怖聲響，遭受這種非常難忍的滅頭之苦時，又有什麼辦法呢？自己應該思維。

律藏中講到，五墮罪分別墮入五熱地獄㉕，情節嚴重者，於後面的三個地獄中次第感受痛苦。這裡講到，無

㉕犯惡作罪墮入復活地獄，犯向彼悔罪墮入黑繩地獄，犯捨墮罪或者單墮罪墮入眾合地獄，犯僧殘罪墮入大號叫地獄，犯他勝罪墮入極熱地獄。

心愚昧的破戒者，死後以業力所牽墮入號叫地獄等中，在充滿沸騰鐵水、燃燒烈火的鐵室之中，由惡業力所感顯現惡劣、凶狠、殘暴的羅剎，飢不擇食地吞食它們。在感受此種痛苦時，令人畏懼的恐怖閻羅大軍凶猛地呼喊「打打、殺殺」等，震天巨響……我們當中的很多人，不要說真的出現這種恐怖景象，晚上比較黑的時候出去，都是非常害怕，真正遭遇這種毀滅頭顱內臟的痛苦和恐怖時，到底會是一種什麼樣的感受？

因此，對於自己以往所造的種種罪業，從今天起應該精進懺悔、努力修持善法。否則，就像薩革拉說：「若妄說神通，雖不樂受報，兵器砍頭顱。」如果恣意妄為地說神通，自己雖不願感受它的果報，但在業果面前任何人也無法避免，一定會遭受兵器砍割頭顱的痛苦。

辛三（生處資具等差別）分二：壬一、持戒功德；壬二、破戒過患。

壬一、持戒功德：

具戒善士如意樹園中，僅以意念享受飲食飾，

具足受用財如化樂天，聽聞美鳥善說悅耳歌。

具有清淨戒律的善士，將來會轉生於天界如意樹園當中，此時僅以意念即可享受各種美食，其他資具受用等，也會像化樂天㉖一樣自然具足，同時可以聽到美麗飛

㉖化樂天：六欲天之第五，位於兜率天之上、他化自在天之下。以自化五塵欲妙之境而自樂，故稱化樂。

禽悅耳動聽的善說之聲。

　　具有清淨戒律、堪為法器的善緣高尚大士，轉生於任何剎土都是舒心悅意珍寶自性的環境，在以如意樹嚴飾、令人賞心悅目的園林中，不需要以身語勤作，僅以意念便可享受甘美飲食、甘露、蜜酒等，身上佩帶著長短瓔珞等各種裝飾，以意念即可具足一切財富受用，就像化樂自在天可以隨意幻化所欲一般，無勤便可獲得種種資具受用。同時，羽色美妙、具有妙音歌喉的八哥等眾多鳥類，以悅耳動聽、令人舒心悅意的歌聲，於耳邊宣說四法印等善說。

第
七
課

　　因此，我們應如同尋求路糧一般精勤持戒。《彌陀莊嚴剎土經》云：「出有壞，若我證菩提時，我佛剎住菩薩眾，遍滿金、銀、珍寶、珍珠、琉璃、海螺、碧玉、珊瑚、水晶、石精㉗、紅珍珠等，一切珠寶、花、香、鬘、塗香、寶沙、妙衣、寶傘、寶幢、幡、燈、歌、舞、樂音等，如其所願圓滿成辦，因造諸善根故，發心後即刻現前，若非爾，我不得現證圓滿正等菩提，不成佛……」阿彌陀佛在因地時曾發願。說：如果我的剎土無有金銀珍寶等現前，願我不得現證菩提。此處「發心」也就是說，只要動一個念頭，就會現前一切珠寶等。如果不是這樣，現在就不要成佛，但後來佛陀已真實獲得佛果，說明在他的剎土中，上述所說一切功德均會現前。

㉗石精，即金剛鑽石

84

第八課

　　下面繼續講托嘎如意寶造的《讚戒論淺釋》。這部注釋從頭到尾全部是通過持戒功德、破戒過失兩方面敍述的。因為比較簡單，我不講，大家基本上也能自己看得懂。但我想這是一個緣起，因為這部《讚戒論》對在家和出家的修行人來講，都是非常重要的，因此想在藏文上給大家念一個傳承。

　　最初是這樣想的，但後來覺得：還是簡單在字面上解釋一下，因為念傳承和傳講有所不同。所以，這次我一邊傳講一邊念傳承，但不像因明和中觀等其他法一樣，需要挖掘其中的理證智慧，我在這裡沒必要引用很多教理。對於戒律，大家知道它的修法是什麼、真正唯一的行持方式是怎樣的，將這些搞明白以後，四眾弟子自己可以研究、領會。因此，戒律與中觀、因明的傳講方式有很大差別，在這裡稍微提一下。下面繼續講《讚戒論》。

　　壬二、破戒過患：

　　前面講了生處資具方面的持戒功德，今天講破戒的過患。

　　破戒劣人身穿利戈上，凶惡女人擁抱燒內臟，

　　烏鴉鷹鷲昆蟲食腦髓，感受難忍苦時有何法？

　　破戒之人的身體貫穿於利戈之上，被以前自己所喜歡的對境擁抱著，這時，自己的整個內臟全部燒壞無

《讚戒論淺釋・智者走向解脫之教言》講記

餘，同時有鐵嘴的烏鴉、鷹鷲、昆蟲等啄食腦髓，感受難忍的痛苦。

現在生於人間、自由自在的時候，如果未能好好護持戒律，來世一定會感受此等果報，那時也具有現在一樣的我執，如此巨大難忍的痛苦，我們怎麼能受得了？自己應該反反覆覆思維和觀想。

與上一科判的內容相反，若是染上了破戒的過患，如此下劣之人必定會轉生在不悅意痛苦的惡趣之中，身體穿在火焰熾燃、極其鋒利的三尖鐵戈上。此處的說法不太相同，有些說從身體下面穿上去、有些說從身體的上面穿下去……當然，各個眾生的業力不同，也可以有不同的感受。此處是從下往上穿透而言的，三尖鐵戈從肛門、足、掌心向上穿透，並且被十分恐怖的凶惡女人緊緊擁抱著，體內燃火焚燒了心肺腹等所有內臟。一般燃燒的鐵器或者兵器穿透到身體裡面的話，內臟肯定會燃燒的。像現在醫生用的胃鏡，雖然沒有燃燒著，但也是非常可怕的……

破戒者在感受上述痛苦的同時，具金剛喙的烏鴉以及具有銳利鐵喙的凶猛鷹鷲、昆蟲等，前來食飲其腦髓、啄食眼油，在感受此種無有窮盡、難以忍受的痛苦之時，又有什麼辦法呢？佛陀說：在臨死之前，若對所毀壞之戒律未能懺悔，來世一定會受這種果報。這種痛苦，並非一次兩次而是反反覆覆地不斷感受。思維此等

痛苦，應當對以前所造的罪業生起追悔之心，深深認識到：自己以前所造的罪業非常不合理，從現在起應披上精進的盔甲，誠心懺悔、努力修行。

《念住經》云：「邪淫轉生鐵柱山，攀爬並為女人燃。」在講近邊地獄和孤獨地獄的時候，近邊地獄當中專門講到一種鐵柱山。所謂的鐵柱山，全部是由眾生業力現前的鐵製大山，在大山上有很多鐵製的樹木，這些樹木的所有樹葉、樹枝向下懸垂，這時自己不得不向上爬。

《智慧無量廣大珍寶經》云：「何人行邪淫，死後墮惡趣，遭鋒利鐵刺，穿透及燒苦。」《五學處功德經》中也說：「具貪邪淫之人，現世有生之年行邪淫，死後來世墮入大號叫地獄，之後渡過無灘河兩岸且有八十由旬高的鐵柱山，十八指長的樹枝利刺向下懸垂，十二聞距高的身上燃火，火焰向上，爬山至六十由旬，此時恆以各種兵器相互砍殺，數千年中攀爬於樹刺上。此外，獄卒執持兵器擊打彼等，彼等一邊哭號一邊頭朝下墜落，墜落時，燃火三尖矛從其頭部穿入，從肛門穿出，感受如是痛苦，恆時哭喊號叫，並需於八十由旬鐵瓶中住一大劫，為周身布滿餘燼之獄卒所吞食。」

像妓女等人，有生之年當中行邪淫者，由於造惡業的時間比較長、行為特別低劣，死後會直接墮入大號叫地獄。此處講「無灘河兩岸」，但眾生的業力各不相同，真正的位置很難說。有些中陰法門中說：中陰身在

《讚戒論淺釋・智者走向解脫之教言》講記

未見到中陰法王之前經過無灘河。有些經論中說：所謂的鐵柱山是近邊地獄的四隅有鐵柱山㉘。《大圓滿心性休息》等有關前行的修法裡面是這樣講的。

由於自己的業力所感，此眾生到山頂時又聽到朋友在山下呼喊，在向下墜落的過程中，三尖鐵戈又從下向上穿透……如此反覆上上下下，於數千年中感受此種痛苦。而且需要在非常大的鐵瓶中住一大劫，最後，這個眾生也是被獄卒們所吞食，非常痛苦。有些裡面講到要住一中劫或者半劫。法王如意寶在講《前行》裡面的地獄痛苦時說：有些時間和說法不同，原因是眾生的業感不同。到底有沒有一大劫呢？一般來講，時間特別長稱為一大劫。不然，真正按照《俱舍論》的方式來計算可能有點出入。另一方面，由於各種經典的觀點不同，才出現了不同的各種說法。

辛四（以未來後世之苦樂勸生歡喜與厭離）分二：壬一、持戒功德；壬二、破戒過患。

壬一、持戒功德：

具緣淨戒大士等流果，行善增上殊勝諸如來，

梵音讚歎右手置其頂，授記現前成佛真歡喜。

具有善緣的持戒大德，因為以前持戒的等流果所致，生生世世行持善法，其方式越來越增上，殊勝如來

㉘無間地獄的四方各有塘煨坑地獄、屍糞泥地獄、利刃原地獄及劍葉林四個地獄。東方有四個，南方四個，西方四個，北方四個，共十六個。東南有一座鐵柱山，同樣西南、西北、東北各有一座鐵柱山。

以梵音妙語對其進行讚歎，將右手放置於其頂上，並作授記：你於將來某某時成佛。

即生中清淨戒律、行持善法，依靠所謂的同行等流果，生生世世都會喜歡行持善法。殊勝的諸佛如來也以六十種梵音㉙對其讚歎並賜予安慰，同時舒展由百種福德所成如象鼻般㉚的右手置於其頭頂，並予以成佛之授記：未來於某時某處現前成佛，佛號某某，所化眷屬之數等。如此獲得八地時，也具足無生廣大法忍及十種自在㉛，這時真是歡欣喜悅，猶如獲得無上佛果一般。

對龍猛菩薩作授記的眾多經典中，《一萬二千大雲經》說：「阿難，此樂匝哦童子亦名世間諸眾見喜，於我涅槃後過四百年成為比丘龍，廣弘我教法，最後於極淨光世界中成佛，佛號為善世出有壞圓滿正等覺慧源光如來。」世尊在世時，龍猛菩薩曾轉生為樂匝哦童子㉜，人們見而生喜。釋迦牟尼佛對阿難說：這位樂匝哦童子，在我涅槃後四百年，現身比丘相，人們稱之為龍。他會廣泛弘揚我的教法，最後在極淨光世界中成佛，佛號為善世出有壞圓滿正等覺慧源光如來。

不過，有關龍猛菩薩的年齡有很多觀點，果仁巴在

㉙六十種梵音，即佛陀三十二相之一梵音深遠相。具五種清淨：一、甚深如雷；二、清徹遠播，聞而悅樂；三、入心敬愛；四、諦了易解；五、聽者無厭。
㉚此處以象鼻比喻佛陀手臂伸展之妙相。
㉛按照《現觀莊嚴論》的觀點，於八地獲得相似的十種自在，在十地末尾成佛時，真正圓滿具足十種自在。
㉜有些經論中也稱為樂匝布童子。

他的《中觀總說》中對這個問題闡述過，以前我在講《善解密意疏》的時候也說過這些不同觀點。托嘎如意寶在這裡以龍猛菩薩為例，龍猛菩薩以前也是清淨戒律，後來獲得了釋迦牟尼佛的稱讚和授記。以前也有這種說法：即生中修持龍猛菩薩的法，如《中觀六論》、《親友書》等，以他的清淨威力，我們也能轉生到他的剎土。當然，有沒有這方面的教證也不知道，但藏傳佛教的很多善知識說：即生如果學習龍猛菩薩的有關論典，將來慧源光如來出世時，我們會往生到他的剎土。

壬二、破戒過患：

失毀戒律業重之有情，恆受毛骨悚然地獄苦，

人壽無法衡量解脫時，聞到如此怖聲更憂愁。

毀壞戒律、業力深重之有情，恆時於毛骨悚然的地獄中受苦，以人壽無法衡量它的解脫時間，而且有很多地獄閻羅卒對它說「你在多少多少劫以後才能獲得解脫」時，此有情聽聞此聲更為憂愁。

隨惡業所轉而失毀了戒律如意寶的罪業深重之眾生，在惡業異熟果現前時，將轉生到十八地獄之中，恆時遭受令人毛骨悚然、望而生畏、嚴寒酷熱等眾多地獄之苦所逼迫。一般來講，在地獄中除了痛苦可怕的哭喊打殺之聲以外，其他安樂聲音等根本聽不到，就好像發生戰爭時不會出現美妙音樂一樣。在地獄受苦的眾生，從獄卒們所發出的呼吸聲中聽到：「以人間壽量無法衡

第八課

量你解脫的時間，人間歲歲月月、多年已逝，未能從地獄中獲得解脫。」了知這一信息，地獄有情更加灰心絕望、極其憂愁。

托嘎如意寶要求大家在現在自由自在的時候，在這些痛苦還未落到我們身上的時候，一定要自己反反覆覆思維、認真取捨守持清淨戒律。

《入菩薩行論》也說，墮入地獄後仍會繼續造業，可能再也無有解脫之日。如云：「然僅受彼報，苦猶不得脫，因受惡報時，復生餘多罪。」在感受地獄痛苦的同時，由於閻羅卒對它的懲罰，會生起極大嗔恨心而又開始造罪，如此一來，將會反反覆覆在很長時間中感受地獄痛苦。現在關在監獄裡的有些人，本來是判三年，在監獄裡又與其他人打架而加刑兩年，本來還有幾天就可以出獄了，這時又因為打架，還要再繼續關下去，很長時間以後才能得到解脫，也有這種現象。所以，有些地獄眾生在一個罪業未清淨之前，還會造新的罪業。又云：「若遇尋常險，猶須慎防護，況墮千由旬，長劫險難處。」

法王如意寶以前也說：看一看眼前的小蟲或者飛禽，牠們轉為旁生已經非常可憐了，每天一點善法都不做，連一句觀音心咒也念不了，但在造惡業方面——殺生、邪淫等所有支分全部圓滿。在沒有轉為這些眾生之前，在短暫的人生中一定要精進行持。

《讚戒論淺釋·智者走向解脫之教言》講記

我想：這次通過學習《讚戒論》，很多修行人對持戒的功德和破戒的過患，可能重新有所認識。這一方面是上師如意寶和托噶如意寶傳承的加持力，大家在內心中如果沒有得到利益，傳講也沒有很大意義，你們聽受也沒有很大意義。一位國外的大德在一個教言中說：所謂佛教的勝妙，不能看成外表的形象，比如一位活佛穿著質地上等的衣服，就認為所謂的佛陀就是他、我要皈依他；或者說一位密咒士披上白色的披單、留著長長的頭髮，認為這就是所謂的密宗瑜伽士，我對他皈依。這是對人的一種皈依。真正佛教的價值，不在於人的穿著、頭髮或者其他威儀，這只是佛法的一種象徵，不是真正佛法的價值。佛法的真正價值是什麼呢？此人相續中對佛陀的信心、大悲心、智慧等境界，是應該皈依的。

因此，看一本佛教書，這本書只是白紙黑字，沒什麼可皈依的。但在這本書裡面宣講了非常勝妙的意義，這種勝妙的意義才是值得在相續中受持的。當然，行為一方面來講非常重要，但真正按照這些大德的說法，傳承上師相續中的證法功德，才是自己真正需要獲得的，這一點非常重要。

通過這次對《讚戒論》的學習，自己內心真正對破戒的過患有所認識，以前沒有破過戒，此後一定要精進地守持；以前在戒律方面有所破損，自己應該精進懺悔。從內心生起這種心，這也是通過正法得來的利益。

第八課

從功德方面，以前自己沒有生起信心的話，這次重新生起信心；以前有一點點信心的話，更加增上信心，這是很重要的。

我們學院在上師如意寶和傳承上師的加持下，一般奉行不墮兩邊的原則，算是比較不錯的。這並不是自己讚歎自己。現在不管漢地、藏地、泰國，還是其他專門學習戒律的道場，他們一舉一動的威儀非常如法，吃飯、走路等非常好，但有個缺點是什麼呢？過於注重形象的重要性。釋迦牟尼佛規定的別解脫戒，主要以身、語為主，這一點，大家以後學習戒律的時候會知道。小乘戒律主要強調身語，除個別戒條外，在心上著重強調的非常少。一般來說，一輩子守持清淨的戒律，的確有很大功德，但是在自己的威儀稍微清淨的時候，誹謗他人的威儀不清淨，這是墮入一個邊。還有些人認為，戒律規定的這些都是一種執著，心裡的觀想很重要。這些人在身、語上一點約束也沒有，像藏地不學戒律的個別上師和喇嘛的行為，這也是墮入一個邊。

有些漢地學戒道場來的出家人，不管男眾、女眾，看到別人的行為稍微有點不如法，就開始說……前段時間太姥山那邊來了一位出家人，他看到別人早上生火：「你看你，不能接觸火，這是一個波夷提、波夷提㉝，

㉝梵語，五墮罪之一。他勝、僧殘、墮罪、向彼悔、惡作五種墮罪，梵語音譯分別為波羅夷、僧伽婆尸沙、波夷提、提舍尼、突吉羅。

93

不行，不行。」聽說他去色達縣回來的時候：「裡面有女眾，我不能上。」其他的金剛道友說：「你不上就不上吧，現在只有這一趟車了，等一會兒更坐不到了。」「那好好好，我也上來，但是又犯了一個波夷提，怎麼辦哪？」我想這些人從成都到學院不坐車可能不行的，坐車的話，他也不一定會這樣的，所以有時候可能是故意假裝的。還有其他律宗道場來的這些人，一舉一動都是特別特別注意，他們在內心的觀修一點也沒有，光是威儀方面特別執著。這一方面很好，另一方面，他還是有一種輕辱心。什麼樣的輕辱心呢？認為自己的威儀特別特別清淨，於是其他人在威儀方面稍微不清淨的時候就開始毀謗，自己從來不知道觀心。

我們這裡有時候也是這樣，以前學過戒律的人對沒學過戒律的人看法非常大：這個人也不如法、那個人也不如法。其實他自己內心根本不修行，只是有些行為在其他人面前假裝而已，這些人還是很複雜的。有些人剛來學院的時候特別精進，旁邊連看都不看一眼，過一段時間以後，這個人也不像原來的這個人了。多芒寺有一個瑪喇嘛，他最初剛受比丘戒的時候，特別注意學處，夏天安居時害怕踩死小蟲，就像外道一樣在腳上掛很多小鈴鐺。很多堪布說：「釋迦牟尼佛沒有這種規定，這是外道的規定。」他說：「不管釋迦牟尼佛有沒有規定，我都不敢這樣踩下去。」有時候他坐在外面的時

第八課

候，小喇嘛跟他提女人名字的時候，他特別生氣，這邊說他就往那邊看；那邊說就往這邊看……後來他還俗了，聽說有十個孩子。

我在《泰國遊記》裡面也說了，現在小乘太過墮於行為的邊，雖然這種精進即使一天也有功德，但是以一種輕毀心，沒有在內心下功夫，萬一不成功的話，內心還是沒有一點把握。現在藏傳佛教的個別密宗大師，在行為方面太過忽略，認為：不用守戒律，這些都是執著，吃肉也可以，喝酒也可以，邪淫也可以。這種方式也是墮於一個邊，不合理。

當然，像上師如意寶所講的一樣，從大的學處方面，大家應該以小乘別解脫戒、菩薩戒和密乘戒的戒律為根本。原來學院當中有一個喇嘛，他每年都在戒律班，我說：「你已經學了四年戒律了，現在開始學其他的吧，不然萬一你還俗了，到時你心裡連一個觀想都不會。」他說：「我對戒律很有興趣，我死也不會還俗的。」後來不到七個月，他就已經還俗了。有時候真是這樣的，大家都知道小乘的戒律是一切功德的根本，非常重要。與此同時，菩薩戒和密乘戒也要學，還有內心的觀想、發菩提心等方面的道理也應該學。如果這些基礎都沒有，整天在戒律方面研究，最後破戒的時候沒有任何可以依靠的。

現在末法時代眾生的業力各種各樣，即使佛陀時

代，有些人遇到一些惡緣還俗的時候，和一般的在家人也沒有任何差別，其他的學習、教育都沒有。所以我想：以前在律宗道場學過戒律的法師、出家人，作為沒有學過戒律的人應該向他們學習。但是希望這些人不要有一種傲慢的成分，因為真正以佛陀時代的戒律來要求，比丘尼二十個僧殘罪、比丘十三僧殘罪，在你們這些律宗道場裡面，對已經犯戒的人，有沒有如理如法的遷移、愉悅，然後解除遷悅……這些到底能不能一一執行？據我了知好像沒有。所以，有時候僅僅在惡作方面特別注意，其他戒律的支分未作詳細研究的話，不太合理。希望大家不要墮入兩邊，這是很重要的。

庚二（持戒無勤得財、破戒轉生餓鬼之理）分二：辛一、不轉餓鬼之理（持戒）；辛二、轉生餓鬼之理（破戒過患）。

辛一、持戒功德：

具戒大士來世生何處，美味飲食衣飾等財物，

無勤之中自然會聚集，贍洲縱遭飢荒亦不窮。

具有淨戒的大士，不管來世轉生於何處，美味飲食和衣飾等財物會於無勤中自然積聚，即使整個南贍部洲遭受飢荒等，真正持戒之出家人和修行人也不會感受飢餓。

具有究竟安樂唯一之因清淨戒律的大士，來世無論轉生於任何處境，具有六種甘美妙味、香甜可口的食品，以及牛奶、蜜酒、甘露等種種飲料等豐富飲食受

用，還有身上穿帶的輕飄柔軟的樂切㉞大氅等人天衣裳、耳飾釧鐲等輪王及報身服飾㉟等一切財物，無需辛勞勤作自然而然便會聚集獲得。原因是，即使南贍部洲所有眾生遭受飢饉災荒的痛苦業感，具有淨戒的人也不會窮困潦倒，何況在無有衰敗之時感受貧窮之苦呢？

藏地在五幾年出現過一些災荒，當時很多清淨戒律的出家人，在生活上根本沒有受過痛苦，有關這方面，現代修行人的實例比較多。前文也曾引用經典說：「貧者得出家，獲供脫貧窮。」「縱諸在家者，指甲上耕田，吾之出家眾，生活無貧窮。」

辛二、破戒過患：

破戒愚者恐怖餓鬼中，身居許多凶惡閻羅眾，

具四倒識飢餓之眾生，必受燒焦內臟無量苦。

破壞戒律學處的愚笨者，將轉生於令人毛骨悚然、恆時唯求飲食的餓鬼界中。在每一個極其龐大的餓鬼身體上，居住了許多凶狠惡毒的閻羅眾以及其他眾多餓鬼，這些餓鬼眾生具有果樹飲食、河水、季節、日月四種顛倒意識。比如本來所見飲食似乎甘甜美味，一到嘴邊卻變成燃燒鐵水或者已經乾涸，無法飲用。春夏秋冬也不像人間一樣分明，就像《親友書》中所說：冬天本來希望太陽是溫暖的，但太陽卻十分寒冷；夏天希望月

㉞藏文音譯，疑似某種布料。
㉟有關大氅及報身服飾等，在《大圓滿前行》中專門有圖表示，請參閱。

《讚戒論淺釋・智者走向解脫之教言》講記

光是清涼的，對餓鬼界來說，卻非常熾熱。由於這四種顛倒的意識，餓鬼恆時感受痛苦，無法得到飲食，即使得到也無法進入咽喉。或者雖進入少許，到了夜晚內臟必定會全部燒焦，並從口鼻之中冒出濃濃黑煙等，感受眾多無法衡量的痛苦。其壽量長達五千年或一萬年等。因此，從現在起嚴謹持戒至關重要。

如《三摩地王經》云：「為貪諸愚者，依靠腐女身，將成劣眾生，彼墮惡趣中。」世親論師也說：「火中餓鬼漂雲遊，發出高高慘叫聲，有些口中燃大火，頸如針眼腹似山，恆時感受飢渴等，以致燒焦身枯萎，有些吃食嘔吐物，其餘吐物亦難得。」這些餓鬼到處漂泊，它的脖頸如同針眼般非常細小、腹部如同山谷一般龐大，很難享用飲食，偶爾找到一些出家人或修行人的嘔吐物，卻也很難享用。去年我看見一個藏族喇嘛，他可能拉肚子還是怎麼了，一直在「噢……嗡瑪尼巴美吽」「噢……嗡瑪尼巴美吽」他可能一邊嘔吐一邊給餓鬼迴向，我在旁邊覺得很隨喜他的功德，又感到可笑……

第八課

第九課

《讚戒論淺釋‧智者走向解脫之教言》，有智慧的人應依靠這一殊勝教言真實了知取捨之理。

庚三（持戒天生具有芳香、破戒於不淨處轉為旁生之理）分二：辛一、不轉旁生（持戒功德）；辛二、轉為旁生（破戒過患）。

辛一、持戒功德：

希求善道有緣諸童子，生生世世薰染戒妙香，

一切合成俱生之香氣，撲鼻樂受勝過天人香。

希求善緣道的有緣童子或者說有緣的年輕人，即生在自相續中守持清淨戒律，生生世世都會薰染戒之妙香，這種戒香勝過世間一切合成、俱生之香的撲鼻樂受。也就是說，世間的香當中，有合成香，即通過各種方法製作的香；俱生香，指其自身所具有的香氣。不論合成香還是俱生香，戒之妙香已經遠遠超過所有這些人天之香。

自相續受持清淨戒律的具有殊勝法緣之童子，於生生世世中，都會薰染上戒律如意寶所散發的沁人心脾之妙香，這種妙香永遠也不會失壞。由於其自身所聚集的福德之力，其果可成熟在外境用品之上，由之所散發出的妙香，勝過一切人工合成之香以及檀香、沉香等植物自然俱生之香，此戒香遍布整個大地、四面八方，並且會產生無上安樂之感受，甚至遠遠超勝天界的所有妙香。

正如《因緣品》中說：「花香隨風飄，根檀香亦然，戒香雖無風，芳香遍四方。」花香會隨風飄散，旃檀香也是如此，戒律之妙香雖然無有風的吹動，其芬香卻可以傳遍世界每一個角落。《教比丘經》云：「不敷冰片香，當塗戒勝香。」作為出家人和修行人，不必塗敷冰片等各種香料。現在在家人經常在身上噴灑很多香水，旁邊經過的時候，大概三百米都能聞到香氣。但是修行人不用敷冰片等香料，已經塗上了戒律的香，這種香氣最是芳香撲鼻、美妙無比。

又《般若攝頌》云：「三界之中悅意香，不違出家戒塗香。」三界當中，最好的香就是未違越戒律之香。世親論師也說：「具無上戒香，善趣無窮盡，花鬘香不遍，塗香亦不生。」三界當中最無上的香就是戒香。其他的花鬘等香，既不會遍於三界，也不會由自身產生，無有任何實義。

辛二（破戒過患）分二：壬一、犯第一僧殘罪洩漏明點等破戒之真實異熟果；壬二、分說與菩薩乘相違故應斷除之理。

壬一、犯第一僧殘罪洩漏明點等破戒之真實異熟果：

比丘的十三個僧殘罪當中，第一個即是洩露明點，下面主要講洩露明點的過患異熟果。

失毀身精明點劣緣士，多生累世沉溺不淨泥，
感受濃烈臭氣所逼迫，種種昆蟲食身真痛苦。

從密宗角度來說，身心自在的瑜伽士，行為已經完全超出凡夫人的境界，除此之外，已經失毀了身體精華明點的普通凡夫人，將於多生累劫中沉溺於不淨之處，不斷感受濃烈薰染的痛苦，並且有成千上萬昆蟲啃食其身體，非常痛苦。

一般小乘戒律當中，所謂的洩露明點，不要說比丘，甚至對沙彌和在家人也是嚴厲制止的，在這裡，主要是針對男士或者出家比丘而言的。以貪心失毀庸俗身體內的精氣或精華白明點而違犯三戒學處，已經斷絕善緣的劣緣士夫，不止一次而是在生生世世中，反覆沉溺於充滿屎尿等稠密骯髒不淨物的淤泥糞坑當中，感受十分濃烈、難以忍受的惡臭氣味薰染。不僅自身感受這種骯髒的痛苦折磨，與此同時，就像《賢愚經》所說：佛陀看見個別眾生時也說：此眾生於何時造了何業，由此現在會感受成千上萬的小蟲啃食它的身體。這種感受真是痛苦不堪。

《毗奈耶經》云：「何人若於悲佛教，以輕視心稍違越，彼將為苦所束縛，如砍竹林毀芒林，此罪遭受大國王，嚴厲懲罰不可比，非理若違佛教言，轉旁生如醫樹龍。」任何人對大慈大悲佛陀的教法，如果以輕視心稍微有一點違越，如受比丘戒者自己親自去砍芒樹、竹林等，由此因緣所感受的痛苦，即使國王最嚴厲的懲罰也無法與之相比。《大圓滿前行》中也講過翳羅葉龍王的公案：以前有一位比丘在趕路時，法衣掛在了樹上。雖然佛陀遮止

《讚戒論淺釋‧智者走向解脫之教言》講記

比丘砍樹，但這位比丘以輕毀心想：佛陀雖然這樣說，但也沒什麼了不起。於是砍了那棵樹。後來，轉生為頭上長了一棵樹的大龍王。在釋迦佛的教法下，牠來到佛陀面前。世尊叫牠顯現自己的原形，牠不敢，於是佛陀讓金剛手菩薩來守護牠，並對牠說：「你在迦葉佛教法時已經失壞了學處，難道你想使我的教法也受到染汙嗎？」這時，龍王現出自己的原形，是一個非常可怕的眾生。

因此，在戒律當中具有一種輕毀心是非常嚴重的。如果有輕毀心，哪怕很小的罪業，它的果報也是相當可怕。沒有輕毀心的話，所失毀的戒律可以通過懺悔得以清淨。按照《俱舍論》觀點，無有輕毀心的話異熟果報也不會成熟。

那麼，洩露明點的異熟果報是怎樣的呢？《念住經》中說：「男人於男人行邪淫，死後墮入惡趣之眾生多轉生於地獄中受眾多痛苦……」

在末法時代的很多眾生，男人與男人行邪淫、女人與女人行邪淫也是有的。一般在佛經當中，有些問題不一定真正會提到，但是通過同類的道理可以類推。

《雜事律》中也講過：釋迦牟尼佛接近涅槃時，佛對阿難說：我已經宣講了廣大的律藏，對比較簡略的律藏沒有講。當時阿難因魔王波旬擋住他的耳根而未聽到，因此未請佛陀講法。於是世尊告訴阿難：凡是與我所開許相近者，我也一律開許；凡是與我所遮破相近

者，一律需要遮破。說完後便趨入涅槃。

因此，小乘經典中經常講女人的過失，依此類推，男人也是有同樣的過失。佛陀當時雖然針對女人來講，實際從遮止方面，這些過失對男人也應該同樣遮止。從開許方面，比如十七事當中，對沙彌開許解制一事，並未講到誦經和長淨儀式等，但依此類推，誦經和長淨儀式對沙彌也應該開許。所以，戒律當中的很多道理可以這樣類推。

這裡講到男人與男人行邪淫的過患，實際女人與女人行邪淫也具有同樣的過患。這些就是末法時代的象徵，除了真正的佛教道場，對世間人來講，這些現象根本不足為奇。前一段時間我也講過張國榮自殺這件事，他也是為了自己的一個男朋友而死的，他們這種不清淨關係已經十多年了。現在世間上的一些高僧大德，最多幾千幾百個弟子，但是很多明星、歌星的「弟子」，有成千上萬人，這些人都認為這種惡劣行為是非常正常的。

那天我在成都碰到一個喇嘛，他說：現在這種惡劣的環境非常可怕，現在印度很多大寺院裡的一些出家人，這種現象非常嚴重。一般僧團裡面會不會有這種現象也非常難說。有時候看來大慈大悲佛陀住世時都有很多奇怪的現象，現在末法時代一點不出現也是不可能的事情。這種非常惡劣的現象，按理來說，在我們這樣清淨的道場中應該不會有。我以前有一次也講過，後來發現個別人的有些行為已經完全改正了，以後也應該這樣。

《讚戒論淺釋・智者走向解脫之教言》講記

一般來講，男人對女人、女人對男人生貪心，這些聽起來是比較正常的。因為每個人都有貪心，除了聖者以外，男人依靠女人犯戒、女人依靠男人犯戒，這也不是非常稀有，聽起來不是非常可怕。但是其他現象非常不合理，是毀壞道場的一種象徵。

我想在座的四眾弟子當中應該不會有這些現象，大家都是如理如法調伏自己的心。萬一有的話，從現在起一定要斷絕，不然，對上師的壽命、對整個佛法的存在都會有很大影響。

這裡講到，對邪淫等現象如果不制止，果報非常可怕。本論當中，托嘎如意寶和革瑪旺波丹增諾吾都要求，在寂靜處修行的僧人們，一定不能犯第一僧殘罪，否則，不允許在寂靜處共住。

此經又說：依靠作已積集業——自己所造之惡業力，感受墮入地獄，其頭髮、周身全部燃火，被如金剛般堅硬的身軀所擁抱，如同向空中灑沙一樣全部分開，身體的支分以及身體支分之支分的極支分

全部粉碎。後又以不善業死而復活，又有燃火怖畏之人使其心生恐懼，見到深淵並且同與之行邪淫者一起墮入深淵，住於空中，連芝麻許的光明也無法得見。具有熾燃喙之鳥前來將其身體斷為數節，解脫之後又墮於地上，具有鐵嘴的狐狸前來啃食它，甚至骨頭也全部吃掉。復又生出，解脫後，諸閻羅又會將其放在燃火的鐵罐當中，如同

熬煮中藥般開始焚燒。乃至作已積集之惡業未斷盡前，在數十萬年中不斷感受焚燒、粉碎的痛苦。從地獄中解脫之後，不會轉生為餓鬼、旁生，而是以順後受業轉生於同緣分的人類當中。轉生為人後，以貪欲邪淫的等流果感召，毀眾妻，一妻不成，或去他人前。

又經中云：「何人以邪命，稍許維生計，彼沉於糞坑，昆蟲將食之。」這是講犯第一僧殘罪的過患。

壬二（分說與菩薩乘相違故應斷除之理）分二：癸一、具大悲佛子思維中有死苦而不捨明點之理；癸二、思維大密持明捷徑密道中必不可缺而應捨洩漏明點之理。

癸一、具大悲佛子思維中有死苦而不捨明點之理：

以貪失毀身精一明點，聚集數億弱小中陰身，

無法投生感受死亡苦，大悲佛子豈能不捨彼？

這裡所說的「億」，不一定真正有一億個眾生，應該指非常多的意思。非常多的弱小眾生聚集到胎門，在無法獲得身體時，它們會感受到非常大的痛苦。頌詞中說「死亡苦」，托嘎如意寶解釋為相當於死亡一樣的痛苦。那是否真正會死亡呢？我以前也有過懷疑，從頌詞來看，這些中陰身無法獲得投生，失壞明點的同時便會令它們死亡，但托嘎如意寶是說如同死亡一般的痛苦。這方面你們可以自己分析。

若有兩個眾生以強烈貪愛之心，失毀或洩漏身體精華一白明點，數以億計為苦所迫的弱小中陰眾生，為了

獲得身體而全部聚集胎門周圍，然而，除個別眾生外，其他中陰身因為無法投生，十分灰心絕望，以此必定會感受如同死亡般的痛苦。

對於了知一切眾生皆為父母、誠心立誓承擔眾生之苦的大菩薩來說，由於已經發起二種菩提心，成為大悲尊主諸佛之意子，宣講大乘經論、肩負弘法利生事業的高僧大德，為什麼不捨棄失毀明點這一惡行呢？理應捨棄。

若不捨棄，就如《別解脫經》中說：「損害他眾非沙門。」損害他眾並不是沙門的行為。所謂的「損害他眾」，在大乘任何宗派中也未聽到，何況見到。所以應當勵力精進，不損惱並饒益有情，即是諸菩薩之特法。

有關洩漏失毀明點損害中陰身的道理，在《日月雙合續》等續部中已經作過宣講。那麼，對中陰身的損害，是真正的死亡還是其他呢？從頌詞看，應該指真正的死亡。托嘎如意寶在注釋中則說是如同死亡一般。

無垢光尊者在《勝乘寶藏論》中說：「如網罟捕鳥一樣，父母雙運之網捕捉中陰身，成千上萬的無數中陰身，猶如夏季腐肉上聚集蒼蠅一般，集於父母雙運胎門口，父母感受安樂時，它們不由自主地從母親陰道入胎。」父母在感受不淨行的安樂時，個別有緣的眾生會入胎。教證中雖然說「它們」，但也只是其中個別的眾生。

佛經中說，人體內的寄生蟲，經常是前面死亡後面又開始產生，所以未獲得投生的中陰身，會於體內轉為寄生

第九課

蟲。正如世親論師所說：「無數極其貪執濃烈香味的微小短命之眾生，它們死亡之時，將以業力成熟轉生於寄生蟲類。」它們在死亡時以業力會轉生於體內，成為其他的寄生蟲類等。因此，大多數中陰眾生，除感受死苦之外很難獲得軀體。我們應當思維這些道理，謹小慎微而取捨。

在密宗當中，洩露明點是非常不合理的。

癸二（思維大密持明捷徑密道中必不可缺而應捨洩漏明點之理）分七：子一、洩漏明點乃轉生金剛地獄之因故應捨棄；子二、乃證悟驗相之障礙故應捨棄；子三、思維其毀壞智慧密道蘊城即喪命之過患而捨棄；子四、頓悟方便道者需依下門助緣之理；子五、究竟解脫道不需觀待只依方便之理；子六、以意伺察雙運光明非聖道正行之理；子七、為成就者所傳之甚深耳傳故隨時隨地應保密。

子一、洩漏明點乃轉生金剛地獄之因故應捨棄：

第一個問題，若洩露明點將會轉生於密宗所謂的金剛地獄，在金剛地獄中所感受的痛苦，是無間地獄也無法比擬的。

若有欲修捷道善緣者，為命亦須守第五墮罪，

若毀墮入金剛地獄中，解脫時亦絕無僅有矣。

真正想要獲得解脫的這些人，哪怕遇到生命危險也必須守護誓言，千萬不能失毀第五條根本戒。《時輪金剛》中的第五條根本戒，主要指不失毀明點。

這條根本戒主要以男眾為主。有沒有女眾失毀明點的

說法呢？以前個別女眾也提過這個問題……有些人提問題一點都不執著，已經獲得無取無捨的果位了吧……一般來講，有關因果方面的問題不好回答，佛陀的很多續部以及後來的高僧大德們，對這些問題也未闡述過，但就像前面所講的，與所破和開許相近的道理，不論男眾女眾，佛陀雖未直接宣說也應依此類推，這一點很重要。

托嘎如意寶說：如今在藏地雪域的所有男女老幼，尤其在上師僧人當中，無有一人未得受過灌頂。在藏地念《聞解脫》比較多，一般誰家有亡人，都會請僧人念七七四十九天《聞解脫》。念《聞解脫》的時候裡面有很多灌頂，到灌頂的時候，家裡的人和親戚朋友全部都會來聽。過去和現在都是這樣，所以在藏地沒有得過灌頂的人非常少。

現在可能大城市裡面的很多人已經沒有這種習慣了，人死了以後就放在棺材裡，舉行各種現代的儀式，真正做佛教超度儀式的人非常少。

華智仁波切講百字明功德的時候說：大多數人都是入過密宗、得過灌頂的。既然受過灌頂，很難保證不會犯戒律，因此每天早上念二十一遍金剛薩埵百字明非常重要。

從當時這些高僧大德的口氣來看，可以說百分之九十九的藏人都得過灌頂。因為有些上師在開法會時也會灌頂，最主要的是，在藏地，人死亡時一定會念《聞解脫》，這期間每天下午都會灌頂。尤其在僧人當中，

沒有一個人是未灌過頂的。灌頂能否成功呢？最主要看能否守護誓言，所以說誓言如同命根一般。但在當今時代，這已經成為大多數人的口頭禪了。

此誓言唯一依賴的就是根本明點。尤其以《時輪金剛》為主的密宗灌頂的誓言，不失毀明點是誓言的根本。想要以解脫之教言、成熟之灌頂二種方式趨入，並修學即生便可獲得解脫的金剛乘密宗，真正堪稱密法法器的善緣利根者，進入密乘後，一切證悟的驗相以及悉地的根本，就是明點。因為一切證悟的驗相，都是在明點的自現光明中顯現，如果失壞明點，一切悉地和驗相成就不容易獲得。所以，作為至關重要的無價之寶，即使捨棄生身性命也必須守護，絕對不能失毀洩漏明點的第五條根本墮罪。

《時輪金剛》云：「若失明點者，犯第五墮罪。」如果失壞明點會違犯密宗戒律中的第五條墮罪。十四條根本戒當中也有從菩提心這一角度來講的，兩方面解釋都可以。

如果未守護這一戒律，會出現什麼樣的果報呢？

托嘎如意寶講到：「失毀誓言者，必將墮入一般痛苦不及其百分之一的金剛地獄之中，感受炙熱之苦，壽量長達十億劫。」這裡對金剛地獄的壽命講得很清楚。無垢光尊者在《大幻化網講義》中也引用過。顯宗講的無間地獄和密宗講的金剛地獄，不同點就在這裡。

下面的教證並不是專門針對失毀明點來講的，比如

依靠上師、依靠道友而破密乘金剛誓言的，都會墮入金剛地獄。金剛地獄的痛苦和壽量怎樣呢？下面以《照明續》的教證來闡述。在很多續部中也這樣講過，很多高僧大德也經常引用，失毀密宗誓言的果報非常可怕。

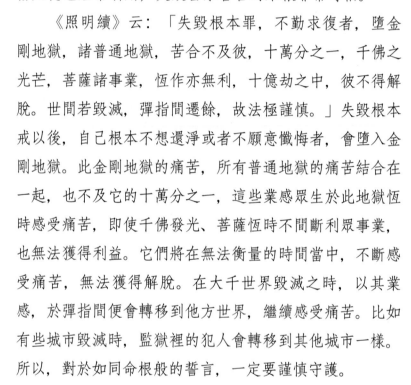

《照明續》云：「失毀根本罪，不勤求復者，墮金剛地獄，諸普通地獄，苦合不及彼，十萬分之一，千佛之光芒，菩薩諸事業，恆作亦無利，十億劫之中，彼不得解脫。世間若毀滅，彈指間遷餘，故法極謹慎。」失毀根本戒以後，自己根本不想還淨或者不願意懺悔者，會墮入金剛地獄。此金剛地獄的痛苦，所有普通地獄的痛苦結合在一起，也不及它的十萬分之一，這些業感眾生於此地獄恆時感受痛苦，即使千佛發光、菩薩恆時不間斷利眾事業，也無法獲得利益。它們將在無法衡量的時間當中，不斷感受痛苦，無法獲得解脫。在大千世界毀滅之時，以其業感，於彈指間便會轉移到他方世界，繼續感受痛苦。比如有些城市毀滅時，監獄裡的犯人會轉移到其他城市一樣。所以，對於如同命根般的誓言，一定要謹慎守護。

教證中說「彼不得解脫」，也是對漫長的時間加上否定詞，說為無有解脫。由於一切有為法皆無常的緣故，最後終究會有解脫之時，但這也是絕無僅有的。思維此理後，具有智慧者，對於《大幻化網》所說的五條根本戒或者密宗十四根本戒等，所有根本戒和支分戒切莫失毀，一定要謹慎守護。

第十課

法王如意寶的金剛上師托嘎如意寶，他老人家已經攝受了非常多的弟子，也培養了很多對佛法、對眾生有極大恩德的高僧大德，但他離開人間以後，留下來的著作，唯一是這部《讚戒論淺釋》。

因此，這次傳講這部《讚戒論淺釋》的目的，一方面希望生生世世成為像托嘎如意寶那樣戒律清淨、獲得自在的修行人；另一方面，在傳講五部大論之前，先給大家講一下戒律。講戒律的話，一般先要講持戒的功德和破戒的過患，《讚戒論》著重宣說的就是這兩個問題。希望大家生生世世成為清淨戒律之修行人，並能了解破戒的嚴重過患和持戒的殊勝功德，為了了解這些問題而傳講《讚戒論》。

所謂的洩露明點，不但顯宗不允許，在密宗道當中也是不允許的。作者用七個方面進行闡述，第一個問題——從密宗金剛乘而言，洩露明點的罪業是墮入金剛地獄之因，這方面已經講了。下面講第二個問題。

子二、乃證悟驗相之障礙故應捨棄：

若失所依甘露月明點，則失能依雙運智慧故，

障礙證悟產生眾罪業，金剛持眾亦應捨棄彼。

「月明點」是從皎潔月亮的顏色方面作比喻的。如果洩露白色明點，就會失去能依的雙運智慧。因為明點

和所證悟的雙運智慧，實際是能依所依的關係，明點是人身體的精華，一旦失去它，所證悟的大樂智慧、雙運智慧也會失壞，就像器世界毀壞，有情世界自然會受到損害一樣。

「障礙證悟產生眾罪業」，障礙密宗的修行和成就，產生各種各樣的罪業。有關這方面的問題，有些道友也提出問題，尤其有些女眾說：「我們為什麼沒有白明點？我們有沒有失去明點？」這方面的道理，續部當中不是很明顯的話，不是很好回答。但是續部裡面說：眾生的身體中有精脈和血脈，從男眾、女眾的身體而言，男眾的精脈一直通著、血脈的下端已經阻塞的緣故，男人有白明點；女眾的血脈通、精脈阻塞，所以沒有白明點。女人自己特殊的，比如每個月出月經等現象，會不會洩露明點呢？很多高僧大德和續部中並未說洩露明點。當然，續部當中不明顯的道理，讓我們說很困難。一般來講，洩露明點應該是對男人的一種特殊遮止。

所謂的洩露明點，頌詞裡面說得很明顯，洩露白色明點則會失毀能依所依、毀壞智慧明點、毀壞雙運智慧。從女眾角度來說不是很明顯，從身體的特徵來看，這裡說的應該是白色明點。

「金剛持眾亦應捨棄彼」，現在有很多人，在自己的名片上寫「我是某某寺院的金剛上師」，但真正的金

第十課

112

剛上師應具備的條件還是比較多的。所謂的阿闍黎、金剛上師甚至堪布，這些都有一定的要求，不是隨便自己想什麼就可以寫的。無論如何，金剛上師們也應該捨棄洩露明點，不然，想獲得密宗成就、成佛的話，非常困難。

當今末法時代，很多人以金剛上師的名義攝受很多人，做很多不如法的行為。托嘎如意寶不僅一次而是反反覆覆用這樣一種語氣，我在課堂上也不只一次兩次地說過：如果你自己的貪心增上，破戒了，或者已經使戒體受到染汙，這只是一兩個人的問題，我覺得對佛法的危害不是很大。但是，不管藏族人、漢族人還是其他民族的人，自己根本未獲得密宗的成就和境界，卻以密宗為藉口，以金剛上師、空行母等名義染汙佛法的話，這不僅僅是一兩個人的事情，對整個密法的危害非常大。現在國內外很多大德，以及對密法不太了解的人，把密宗看作外道貪欲派、性力派等，以這種稱呼來誹謗，原因是什麼呢？我看主要是很多學過一點密法卻未精通的人造成的。

因此我再三希望：不管男眾還是女眾，一輩子守清淨戒律的人，尤其現在末法時代不是很多的，一旦你自己貪欲增長，實在無法保住別解脫的清淨戒律，這時你最好不要戴上密宗的帽子，不然對整個密宗帶來很大的危害。

《讚戒論淺釋·智者走向解脫之教言》講記

本論也講到，密乘並不提倡一般男女的不淨行為，傳承上師們也根本不提倡，所謂的金剛持上師們也應捨棄洩露明點的惡行。

所謂的明點，也可以叫做菩提心，即密宗經常說的白紅菩提。這裡說，如同無有所依器皿，水全部都會漏失一樣，雙運智慧與明點具有能依所依的關係，如果失卻作為所依的如皎潔月亮般的菩提心明點，必定失毀能依現證法界的雙運智慧。因為洩露明點以後，想要使雙運智慧真正存留是非常困難的。

眾多經典續部以及持明上師們對經續論典所作的注疏當中，一直宣說：不能洩露明點，如果洩露明點，對證悟無上密乘有一定的障礙。或者說，在修行過程中經常會遭受違緣魔障，從而產生眾多難以堪忍的嚴重罪業。

因此，已經精通此等之理，並受持學處、圓滿諸功德的具三金剛上師持明眾，應捨棄洩漏明點而守持。密宗雖然有所謂的金剛上師，但是，破別解脫戒、破菩薩戒，只有密乘戒存留的金剛上師，一般來說是沒有的。所謂的金剛上師，必須三戒圓滿具足，也即具三金剛上師。這些金剛上師必須捨棄洩漏明點而守持三乘戒律，否則，自相續中的雙運智慧無法顯現。

在蓮花生大士撰著、無垢光尊者結集的《空行心滴》裡面也說：「自然覺性之所依乃四大之身，身之所

第十課

114

依為風脈明點，風脈者亦攝於因之明點中，因之明點乃四大之精華，亦即覺性之所依，是無別而住，四大各具功用故平等而住或增長時，身體無恙，獲諸圓滿功德，四大若以他緣紊亂則其功用不平衡，相互影響致四大不調，而現各種疾病及違緣，失毀五大而死亡者，障礙修行，不能趨入無漏寂滅，故不失因之明點至關重要。此明點乃四大之精華，故若不失而增，則諸悉地由此而生，輪涅諸苦樂亦依其作用而現，故此不失而增乃要訣也。」

想要證悟自然覺性，其所依就是四大的身體，而身體的根本所依，實際是風脈明點。風脈也攝於因之明點中，而因明點即指白明點，是雙運智慧的所依，故稱為因之明點。因之明點或者說白菩提是四大的精華，也是覺性智慧的所依，與覺性智慧以無別方式而安住。當四大出現不平衡時，它的功用——智慧也會出現不平衡。也就是說，一個人自身非常清淨、戒律非常清淨的話，所證悟的智慧也很穩固，如果四大不平衡或者因明點不平衡，會產生各種違緣和疾病，最後失壞五大而死亡，障礙修行。所以，不捨棄因之明點非常重要。

現在真的有很多人，自己以金剛上師的名義修密宗的雙運法，不失明點的人有沒有呢？非常難說。一般密宗的要求，無論任何場合和環境，你的明點不能捨棄，一旦捨棄明點，就成為世間的一種不淨行。因此，教證

《讚戒論淺釋·智者走向解脫之教言》講記

中也說：失去明點很難證悟。因為明點實際是四大之精華，四大的精華明點若未捨棄而增上，悉地也會越來越增上。所以，不失因明點而增上保護，是修行中最重要的一件事情。對於這一點，所謂的持明者、大上師們也應該注意，依靠密宗捨棄明點，依靠密宗欺騙眾生，這不是密宗真正的修行。

子三、思維其毀壞智慧密道蘊城即喪命之過患而捨棄：

大家應該想一想：捨棄明點，會毀壞很多空行剎土和空行城市。考慮到這一點以後，應該捨棄洩露明點之惡行。

精進修持智慧密道時，若失細微明點芝麻許，

則毀眾多身界空行城，彼人喪命具有極大罪。

修持密宗者，只有在獲得灌頂以後才稱為趨入密宗道。精進修持智慧密道時，如果失去細微如芝麻許的明點，也會失毀身體界之空行壇城。我們的身體常被稱為諸佛菩薩的空行壇城，若毀壞此空行城市，會產生很大罪過。尤其入密宗道的人，失毀身中明點會出現非常大的罪過。

大家都知道，密宗灌頂當中，第二灌頂即秘密灌頂，依靠佛父佛母雙運的方便道使弟子獲得灌頂，是第三智慧灌頂，也即灌頂之精華。一般來說，失毀明點不僅與共同密乘道相違，尤其精進修持第二秘密灌頂、第

第十課

三智慧灌頂道之精華，在自身方便的基礎上修持上門解脫道、下門密道時，不要說經常反覆洩漏明點，甚至失毀細微明點如芝麻許，也會摧毀眾多自身金剛蘊城風脈明點之自性三身或身語意之自性蘊界。從密宗淨見量來觀察，我們的身體暫時是空行剎土，若具備一定的觀想能力，享用飲食等即供養成千上萬的空行剎土。如果失毀芝麻許的明點，就會失毀所有法報化三身之剎土或者佛身語意自性的蘊界壇城，此蘊界壇城是一切功德之源，也即清淨脈之勇士和清淨風之勇母等。

在顯宗當中根本沒有這種概念，對於蘊界等並不承認為佛菩薩或者勇士勇母的本性。但密宗有這種特殊觀點，失毀芝麻許的明點，已經失毀了如是多的空行剎土。

一般密宗所謂的風脈明點堪能，也就是指明點不洩露、壓制相續中貪心的一種修法。對圓滿次第和生起次第等方面具體的修法，我雖然從道理上說得來，但是現在講這些沒有任何實義。因為現在很多人的貪心增長，表面看來對這方面比較重視，實際並非由信心引發，而是以貪心引發的。為了滿足自相續中嚴重的貪心，認為：密宗有沒有一個開綠燈的方便法？很多人修圓滿次第、生起次第的主要目的就是這樣的。以前接觸過很多人，因為他們自相續的貪心比較嚴重：「通過密宗道能不能修持呢？」有這種說法。所以我想：比較保險的，

《讚戒論淺釋・智者走向解脫之教言》講記

就是以別解脫為基礎修持無上大圓滿，這種道是最好的。不然，所謂的修上門道和下門道，尤其男女雙運的修法，一般人在沒有斷除自私自利的貪心之前，不允許修持。有關這方面，在有關的密宗續部中再三強調過。無垢光尊者的《大幻化網講義》、竹慶仁波切的《大幻化網總說》，以及麥彭仁波切的《大幻化網總說光明藏論》，還有有關任何密宗的道當中都是如此要求的，黃教也是這樣，沒有任何差別。

第十課

總之，自身本為勇士空行之壇城，若失毀芝麻許明點，也將毀滅百萬勇士空行城，如同真正失去性命一樣，具有不可思議的極大罪過。按照《別解脫經》，或者功德光的《律根本頌》㊱中說：在夢中失毀明點或者夢中作邪淫等，無有罪過。也即夢中相當於無有業。有些人經常說：「我做夢的時候犯戒了，現在我已經破戒了，完蛋了，完蛋了……」實際按照別解脫戒的觀點，做夢時犯戒只是心裡的一種惡意，早上起來後念懺悔文就可以。但在密宗當中，即使在夢中洩露明點也是不允許的。

因明點是密宗誓言之自性，所以應當捨棄洩漏明點。世俗的身體實際是勇父勇母和佛菩薩的壇城，如《明界續》云：「本基中現迷亂力，總攝四大之壇城。」眾生於本來清淨之本基中顯現無明，以這種迷亂

㊱益西彭措仁波切翻譯為《戒律根本論》。

力總攝四大壇城，人的身體即為四大之壇城。「風脈精華無二中，如來種子字而住」，「精華」即指明點。風脈明點以如來種子字的方式安住，也即以五佛父五佛母十如來種子字而住。《大幻化網》講到的文字輪當中說，諸佛菩薩的一百個本尊心咒，在眾生身體的不同部位全部具足。「五輪佛父佛母相，三脈乃為三身性，外即五蘊之身體，內即五毒煩惱性，密即五身之自性，極密乃為五智慧。」三脈實際是三身之自性，外即想行識等五蘊，當五蘊不調和時便會產生五煩惱，秘密即是法報化三身、金剛身、菩提顯現身五身之自性。從表面看是所謂的五蘊，秘密而言即為五身，極密而言是五種智慧，此五蘊精華為明點，若失毀，即已失毀五身及五智慧。「外即五大種自性，內即五大佛母性，密即五部空行也，極密乃為五妙慧。」五妙慧和五智慧分別是從對境和有境來講，實際沒有差別。「外即五輪之本性，內即五種明點性，密即五種文字也，極密乃五部空行。一切脈界乃勇士，空行佛父佛母剎，此身真正佛壇城。」所以，自身精華明點如果失毀，佛之壇城也會失毀。

又在《明燈論》中也說：「本淨智慧力，現五大外境，攝執五大光，未解執著彼。五大精華身，相輔而生成，血肉脈明點，文字身智慧，外即五大種，內真五佛母，密即五空行。外即五輪性，內乃五明點，密即五文字，極密五空行。外即五蘊身，內即五毒惑，密即五身

也，極密五智慧。故捨明點者，徹失密乘戒，十萬劫之中，感受地獄苦。」與上述教證無有差別，意思基本相同。捨棄明點者，已經徹底失毀密乘戒，於十萬劫中會感受地獄的痛苦。

這是密宗行人必須了知的，否則自認為「在修密宗，修行非常非常好」，其實自己已經毀壞了密宗戒，會感受極大痛苦。首先從道理上明白非常重要，講戒律也是如此，如果直接對大家說「這個不准、那個不准」，很多人不一定接受，但從道理上講，大多數人會以智慧辨別。就像前面講了經堂內不能穿鞋，從道理上明白以後，問題很快就可以解決。

所以，持清淨戒律等很多行為，首先知道它的功德，比如知道了菩提心的功德以後，大家不論做任何事情，都會想到發菩提心，因為菩提心的功德很大，以菩提心所攝持的任何行為都有一定的意義。了知破戒的過患以後，自己盡心盡力斷除，除個別愚者以外一定會明白的。

現在很多學密宗的人，不管藏族人還是漢族人，沒有密宗的基礎，對密宗的道理不太懂，而且有些瘋狂的人說：「這是密宗觀點、那是密宗的觀點……」他們自以為是密宗觀點，結果與密宗完全相違背，雖然自認為一輩子都在修密宗，其實根本未接近密宗，很可惜！

因此聞思還是很重要的。聞思的時候要多翻閱一些

高僧大德的著作。有些人認為：只看寧瑪巴的書，只看一位上師的書，其他的都不看。這一方面有好處，因為對自己的上師、傳承有一定信心，但是我想：自己修行過程中最主要修一個法，但在了解的時候，應該方方面面了解，這樣會對自己有幫助。尤其智慧比較高一點的人，像格魯派、禪宗的很多書，其中有很多不同的知識。在翻閱這些書的時候，首先觀察作者，一定要是一位大成就者，不然一般世間上胡言亂語的書，沒有很大意義。真正大成就者的教言多看一點，從很多不同的觀點中可以獲得很多學問。比如以前很多人認為自己在修正法，在這次學習《讚戒論》的過程當中，可能會發現很多不同的地方。

所以說，自身於如來壇城中本來任運自成，諸脈界明點即為真佛勇士空行，如果失毀芝麻百分之一許的因之明點，十萬空行都會悲哀痛哭；如果未失去，出世間的諸佛菩薩、護法眾都會幫助護佑他。

藏地非常有名的伏藏大師、持明者仁增嘉村寧波——虹藏大師，在有些儀軌的念誦、唱誦方面，有很多特殊的修法。聽很多老人說，爐霍的很多山洞以及修行的地方，都是他取出伏藏的地方。但是，他具體是哪個地方的伏藏大師不太清楚。

這位虹藏大師的伏藏中也講到：「若失明點精華肆意行貪欲，彼乃空行勇士命根故失聲痛哭，乃為誓言之

根本故失三戒，乃身之精華故容顏光澤漸衰退，乃命之精髓故每失一次其壽便減七日，是故不失明點極為重要。」如果隨心所欲行貪欲失去明點，如同失毀十萬空行之命根般，他們會失聲痛哭；由於此明點即為誓言之根本，也必定會失毀小乘別解脫戒、菩薩戒、密乘戒；是身體精華的緣故，從此以後，臉色會失去光澤；是生命精髓的緣故，每捨一次菩提明點，壽命便會減少七日。這是虹藏大師的金剛語，因此，諸位修行人一定要小心謹慎。

　　以上是針對男眾在講洩露明點的過患，下面蓮花生大士開始批評女眾……

第十課

第十一課

下面繼續講托嘎如意寶造的《讚戒論淺釋》。《讚戒論淺釋》當中，現在主要講，修持密宗道時有眾多方便道和解脫道，大家應詳細取捨。

子四、頓悟方便道者需依下門助緣之理：

已經真正證悟心的本性時，依靠下門道的修行助緣也是有必要的。一般來講，對於真正證悟方便道的人來講，下門道可以起到助緣作用，但真正能行持的人卻非常難得。

何時通達實相大淨等，具足無念無漏之戒律，

五輪之風明點自在時，尚需解開脈結之助緣。

實相大淨等，即指清淨平等，這在《大幻化網》中講得非常細緻。意思是說，心的本性為空性，空性是從平等方面來講；清淨就是自性光明。在講《定解寶燈論》的時候，給大家講過很多有關光明方面的道理。

什麼時候真正通達實相大淨等的意義，相續中不會再有世間凡夫一樣的貪心，無漏戒律自然而然會具足。頂間、喉間、心間、臍間及密處五輪當中，絲毫明點也不會洩露，已經完全獲得自在。因為凡夫人的貪愛心極為強烈，由此導致五輪明點洩露，這稱為真正世間凡夫的貪愛。在通達實相大淨等的意義時，不論男眾還是女眾，不會再產生凡夫人的貪愛之心。但在這時，個別瑜

《讚戒論淺釋‧智者走向解脫之教言》講記

伽士雖已圓滿上述境界，仍需依止空行母、業手印等助緣，以此結開脈結。

什麼時候共同地道功德趨於究竟，正法完全融入自相續，真正大密乘的正見，無有絲毫錯謬完全現前，已經無誤通達三清淨[37]、四平等[38]無二無別的大淨等實相，一切現有諸法顯現為大樂智慧，並且斷除包括細微在內一切執著庸俗之相的分別念，即已真正具足無分別念、明點無洩漏、甚深圓滿次第之戒律。

並不是像現在假裝的瑜伽士裝模作樣的行為，真正在身上的精華明點連芝麻許也不會洩露，已經通達並獲得了真正的無漏智慧，這時所有的能取所取消於法界，精脈、血脈之風入於法界中脈當中。

密宗所謂「風入於中脈」的概念，很多人認為：我一直觀修、觀修，最後什麼時候我的風入於中脈？真正的中脈實際就是智慧脈。也就是說，現在能取所取的各種粗細分別念融入智慧當中，獲得無有取捨、無有辨別的智慧，這就是真正的風入於中脈。這時，頂、喉、心、臍、密處五輪中一切所行之風全部變成智慧風。此處所說的智慧風，並不是冬天吹的風一樣。因為凡夫眾生具有分別念，依靠分別念的風而動搖，人們身體中的

第十一課

㊲三清淨：器世界、有情世界、器情二者和合的一切法清淨。
㊳四平等：二等殊勝二等，二等指顯宗的二種平等，即勝義無生、世俗如幻；殊勝二等指密宗的二種平等，即勝義一切平等離戲、世俗一切器情皆為身智壇城大清淨。

明點隨著風的吹動便會洩露，一旦分別念達到覺性本位、無所動搖，從此以後，所謂風動洩露明點的現象再也不會存在。

總而言之，見解上已經證悟淨等無二、具足有相自身方便、風脈明點獲得自在，此時還是有一些細微的脈結未解開，為了增上這種境界，需要依止具足法相的業手印、空行母，解開微細脈結的障礙。

但現在有很多人，非證悟認為已經證悟、非境界認為已經獲得很高的境界。如果沒有密宗淨等無二的見解作為基礎，就根本不可能有依止空行母這種說法。而在大圓滿和無上密法中，依靠這種修法，很多傳承上師獲得成就也是一種事實。依靠這種雙運修法，最後無漏明點的智慧現前，斷除輪迴的根本，已經完全摧毀了庸俗的貪欲魔、增上了大樂智慧等。

現在有些顯宗的法師，對密宗接受空行母的修法，一概否定、反對、誹謗……自己沒有獲得這種境界，一概反對的話確實不好。我在《藏密問答錄》裡已經講了，無上密法原本是很純潔的，我們不希望其中個別的方便修法，受到人們毫無意義、無有任何教證理證的毀謗。本來自己未達到密宗的最高境界，卻以密宗藉口染汙密法，這一點也是我們不願意見到的。

因此我想：現在很多人沒有佛法的基礎，尤其這些人算是比較有智慧的人，如果有一點基礎，按理來說不

會輕而易舉地誹謗。因為這些人聞思修行的範圍只限於顯宗的小乘經典，確實對密宗有關方便道的道理不能接受，甚至對大乘離戲空性也無法接受。一方面非常理解他們的心情，麥彭仁波切也在《澄清寶珠論》中引用《經莊嚴論》的教證㊴說：在他的周圍全部是惡劣根基的道友，自己前世也未造作修持大乘的福報資糧，即生對甚深大乘法不生信心也情有可原。從某個角度來說的確如此。另一方面，所謂修學密宗者，自己未獲得很高的境界，自認為已經獲得並依止空行母等，如此染汙密法的行為非常不好。或者，自己沒有獲得這種境界，卻對密宗傳承師接受空行母的行為，妄加指責為邪法，這種作法也是不對的。

我們翻開佛教歷史便可一目了然，以前的蓮花生大士、布瑪莫扎等，都是依靠這種方便道獲得成就的。所以，做任何一件事情都不要墮入兩邊，即使吃飯也是如此，不吃肯定不行，吃得太多也不行。聞思修行更是如此，假設沒有這種境界，依靠密宗的藉口欺騙眾生不合理；對密宗的殊勝方便道，自己不能修持，還對其他傳承上師一概誹謗，這也不合理。

依靠這種修法，外現為具有功德、已經獲得自在的瑜伽士，無有白髮和皺紋，身精如淨水般，這時理所當然必

㊴《經莊嚴論》云：欲劣界性亦極劣，周圍彼等諸劣友，深廣善說此等法，於此成立無信心。

須依止業手印。《威猛根本續》云：「得稀有大樂，獲殊勝菩提，與女雙運外，餘處皆非有，一切幻化中，女幻最應讚。」要獲得稀有的大樂智慧，獲得殊勝悉地和菩提，除與空行母雙運來獲得外，其他處無有獲得的機會。因此，密宗的甚深行為，很多剛剛學顯宗、剛入小乘道的修行人，就去行持是不合理的。但實際上，世間成佛的所有幻化因當中，女人的幻化因最值得讚歎。世間上的一切都是如夢如幻而顯現，在所有顯現當中，對證悟淨等無二的瑜伽士來講，女幻是最易成佛之道。

　　有些人可能這樣認為：已經證悟淨等無二就不必修持這一道，沒有證悟也就不能依止。真正來講，已經獲得淨等無二的境界時，依靠這種方便法，具有快速獲得成就等作用。這方面的道理，有關圓滿次第也有一些闡述。從現在的有些人來講，的確在這方面特別擔心，因為現在世間男女的貪心非常強烈。就像我前面所講的，學習密法的目的是什麼呢？就是在密法中尋找滿足自己欲望的一種方便道。很多人修圓滿次第和生起次第的目的就是這樣。這樣的話，凡夫人在能取所取未消於法界之前，密宗真正的方便道是不開許的，這一點可能很多人想也想不到。

　　蓮花生大士曾經說：在最初入道時，被任何一種顛倒識所牽引，都是對修行的一種障礙。尤其對男修行人而言，女人是他修行過程中最大的違緣和魔障；對女修

行人、女出家人來講，男人對她也是最大的障礙。而多數人為了解決自己的衣食而耽誤修行，所以，男女修行人共同的大魔就是衣食。

佛母益西措嘉請問蓮師：空行母難道不是修道過程中不可缺少的助緣嗎？蓮師對此回答：可以真正對瑜伽士的修行起助緣的空行母，比黃金還要難得。你們這些女人，罪孽深重，崇拜煙花浪子，注重感情，根本不觀心，積累各種資具供養煙花浪子，日日夜夜只是在這方面思維，連安忍亦不會修；對眾生不起悲心，只知憐愛自子；對聖法心生厭煩，不修持本尊卻恆時修貪心，以淫語勾引男人，不禮本尊而以手式約男人，不轉塔而遊自樂之地，於貪境發精進，迷亂自下身洩漏，貪愛交媾，以貪心回報恩德，講諸多淫語，甚至會與犬行不淨，無悔之永久願望便是不淨行。如果令其選擇成佛或一次不淨行，一般女人都選不淨行。

很多人說：這是不可能的，我還是想要成就。也許很多人是這樣想的，但蓮花生大士這番話，可能還是對大多數女眾來講的，因為她們的貪心煩惱非常強烈，真正希求成佛的心非常少。

蓮師接著又說：口是心非，口口聲聲說有敬信，嫉妒心極強，無有信心，極其吝嗇，不行布施，邪見疑心重，智慧悲心弱，虛榮慢心強，無恭敬心，精進弱小，擅長邪行，詭計多端，無清淨心，無堅定心，不守誓

言，不侍上師。依靠她們不僅不會上進、增上修學，反而如同被鐵鉤拖住般不斷後退；不起安樂作用，反成為貪嗔、痛苦、厭煩之因；本想依其獲得解脫，反成為增長嫉妒煩惱之因；本想增上明點，反而染上層層冒瀆晦氣。不如理守護誓言之女人乃修法之魔緣。

有些人本想依靠女人的身體獲得成就，結果自己反而造下了墮落的因。以前好像是石渠一帶的一個人，在夢中有本尊授記：你與某某女人有緣，接受她為空行母，你的事業會非常廣大。後來他還俗與她結婚，從此再沒有任何夢相，整天與這個女人吵架，他特別特別後悔。所以，有時候夢中或者他人勸說：你要依止空行母……。這種話實際是不應理的。正像蓮師所說：不如理修法的女人不會成為修行的助緣。

托嘎如意寶為什麼會引用這段話呢？一方面，依靠個別空行母的方便道是成就之因；另一方面，不應以世間的貪愛心依止女人，就像佛經所講的一樣，女人具有很多過患。因此，密宗並非口口聲聲只講女人的功德，對於其中的功德和過患，大家應該辨別。

子五、究竟解脫道不需觀待只依方便之理：

第五個問題，真正的究竟解脫道大圓滿修行當中，並未強調依止方便道。

自現覺性薩埵事業者，無貪不變法性大樂源，

清淨分別喻義光明智，捷徑密宗善巧稀有道。

金剛薩埵也即所謂的不動佛，而心的本來覺性就是真正的金剛薩埵。真正認識到金剛薩埵本面的人，已經獲得無貪不變的法性大樂，這時，喻光明和義光明的智慧可以現前，這就是密宗的善巧方便，是最稀有的一種道。所以，修大圓滿本來清淨和任運自成時，根本不存在依止空行母這種說法。

在前譯寧瑪派的論典以及傳承上師當中，根本沒有說必須依止空行母才能成就。為什麼呢？真正已經證悟自現無別的法身覺性智慧，現量見到了具有穩、攝、悟[40]三種法相的金剛薩埵之本面，於此覺性中，息增懷誅四種事業已經全部圓滿具足。而依止空行母屬於懷業，這時你也不用想盡辦法自我介紹，勾招一位相貌莊嚴的空行母，真正認識到心的本面或者說金剛薩埵的本來面目，外相上的業手印等，對你來說沒有任何必要，四種事業自然會任運自成。此道是一切共同殊勝事業的唯一作者，無須觀待任何儀軌或者其他行為、手印等，他所證悟的就是未被貪執所染、無有能取所取的法性本體，是大樂智慧的究竟源泉，根本無須業手印等。

大家應該知道這些道理，有些人如果真正具足接受空行母的法相，我們不會有任何意見，可以合掌、讚歎、隨喜功德。但個別大德顯現上有一些名聲，實際與

---

[40]穩、攝、悟，即得有這種穩固性、攝受一切器世界和有情世界、證悟一切本體。

凡夫無有差別，依靠密宗的方便法，他自己會不會墮入惡趣？會不會對整個密法帶來惡劣影響？……這方面，每個修學密法的人都有責任，希望大家詳細考慮一下。

不依止空行母，自己修持生起次第和圓滿次第，像大圓滿等，這在密宗稱為解脫道；而依靠空行母的方式獲得解脫，叫做方便道。托嘎如意寶講到，總而言之，於加行道時大概認識心的本性，獲得清淨粗大分別念的喻光明；於見道位已經根除所有細微分別念，現見赤裸法性本體的義光明。已經具足喻光明和義光明的善緣者，不論修方便道還是解脫道，即生就可以成就下乘宗派從未宣說的雙運身果位。這是金剛密宗極具善巧方便的稀有特法。

對於密宗這一殊勝捷徑，如果有人說：你們密宗所謂依靠空行母的修法，是一種邪道，是外道派。諸位修行人應該站出來，拿著教證、理證的寶劍，砍斷這些邪見的頭顱。

的確如此，對密宗誰去誹謗都是不合理的。我想，在座的各位應該不會有，這些不是我們的境界。以前的高僧大德背過多少部經論，而我們連釋迦牟尼佛第二轉和第三轉法輪的差別都分不清楚，還要誹謗密宗真的是不合理。所以，漢地個別法師和居士在誹謗密法的時候，特別想跟他面對面地好好辯論一番。這些人，不要說密宗的甚深道理，連顯宗所講顯和空的差別都分不清

《讚戒論淺釋‧智者走向解脫之教言》講記

楚，為什麼還要胡說八道……有時候還是很生氣的。現在有很多人自己生起貪心，這時就說：「我是學密宗的，我什麼事情都可以幹。」還有藏地個別活佛和喇嘛出家人，行為非常不莊嚴，這也是不得不承認的一個事實。

這種方便道是密宗不共的善巧方便特法，但是不是人人都能行持呢？也不是，不具備真實修證的話，非常危險。在座的各位金剛道友，最好在別解脫戒的基礎上修持解脫道，這是最保險的，否則，所謂的成就當然很快，危險性也非常大，這個問題大家應該牢牢記住。

對於四種事業，《火施根本續》云：「覺性乃諸佛，一切獲自在，故當主修此。」真正證悟心的本性時，四種事業已經圓滿具足，一切獲得自在，所以應當修持這種覺性。《智慧明點續》中說：「息滅內外苦，增上二善聚，懷柔四所攝，摧毀二猛魔。」「二猛魔」應該是能取所取的魔王。教證中的四句頌詞，分別講到了息、增、懷、誅四大事業。

子六、以意伺察雙運光明非聖道正行之理：

有時候自認為已經證悟了大樂智慧，其實它並不是真正遠離一切伺察的智慧。

貪執自淨雙運義光明，非為作意聖道之正行，
若無解開脈結等功德，空樂覺受模糊乃伺察。

自認為已經證悟了雙運光明的境界，但實際上，它

132

只是一種作意分別念，並非聖者真正入定的智慧行境，也不是所證悟的真實正行。如果沒有解開脈結等，所謂的空樂覺受等只是一種模糊的伺察意。

現在很多人認為，自己已經認識了義大樂。真正來講，自己身上的一種感覺、樂受，或者根與根相觸中獲得的樂受，認為是大樂智慧，這種想法並不合理。

真正通達無根離戲的境界時，就像老年人欣賞孩童遊戲一般，無有任何賢劣取捨，無有任何可執著之法，只不過是習氣而已，世間萬法全部如幻如夢。在這種境界面前，顯密因果乘的無上精華、無上境界，並非以作意改造、自以為是的一種苦樂境界。如果是分別念，按照《寶性論》來講，雖然不是苦苦，卻不離行苦。

此處的否定詞「非為作意」，就像托嘎如意寶說：並非以改造後自詡為實相或法性的一種境界，而是三聖者正道的正行。這種境界，已經解開了中、精、血脈中包括細微脈在內的二十一脈結，應當現見不變大樂本面等諸道相功德之究竟實相。

若不具足此等成就，暫時的空樂覺受也只是風心偶爾性的模糊顯現，並不是究竟的大樂智慧，它是伺察意執著有相的自性，屬於苦諦或集諦輪迴的一種法，需要完全捨棄。若將此種暫時的樂受認為成大樂境界，絕對不合理。

恩扎布德在《成智論》中說：「未見身皮筒，與實

皮火筒，彼等之差別，見性之瑜伽，能超皮火筒。」
《大圓滿前行》對皮火筒作過解釋，它是以前藏地燒火時不可缺少的一種吹火工具。昨天我見到藏醫院有個老鄉，一邊燒牛糞一邊用皮火筒。我小的時候特別會用皮火筒，因為皮火筒裡面風滿滿的，拉杆一推，把風從鐵管裡面推出去就可以吹火。現在有些人觀生起次第和圓滿次第的時候，一直觀寶瓶氣，把身體觀想成皮火筒一樣……實際這種修法和真正的本來實相有很大差別。此處恩扎布德以一種諷刺性的語言說：真正的瑜伽士應該超越皮火筒……

　　又云：「二根所生樂，劣士說真如，勝佛未宣說，彼為真大樂。大樂非無常，大樂乃恆常，（若彼為大樂），搔癢腋樂受，為何非大樂。」還有很惡劣的這些人，將男根女根接觸所產生的樂受，認為是一種真如大樂的智慧。實際上，依靠顯宗或密宗成就的一切殊勝佛陀，從未在經續中說過這是真正的大樂。《定解寶燈論》也講過，所謂的大樂智慧並非感覺上的一種安樂，它是常有的意思。麥彭仁波切在《大幻化網總說光明藏論》的前面，雖然沒有引用恩扎布德這段原話，但大概的意思已經講到了。所以，現在密宗最大的一種歧途，就是很多人認為：男女身根接觸所生的樂受，就是自己修行所獲得的大樂智慧。如果這種樂就是密宗所謂的雙運大樂智慧，搔癢時所產生的快樂感受，為什麼不稱為

大樂智慧呢？這樣一來，不必依止空行母，在身體很癢的時候，用手稍微搔癢就可以獲得大樂智慧了。但任何一位密宗上師都不會說：搔搔癢就可以證悟空性。沒有這種說法，大家應該注意。

托嘎如意寶最後對僧眾有一種希望：本論初中後所講的唯一內容，即是應守護的心寶。因此不論何時，大家都應該好好觀察自己是什麼樣的境界。

首先，最好不要犯小乘的四根本罪。此四根本罪又稱為他勝罪，以罪業已經戰勝了對治智慧的緣故。

其次是僧殘罪，比丘有十三種、比丘尼二十種，沙彌無有真實僧殘。僧殘罪當中，男眾不能洩露明點，女眾也禁止一切邪淫等不良行為。對於僧殘罪，現在漢傳佛教不知道是怎樣對待的，一般藏傳佛教，《三戒論》當中也會講，犯了僧殘罪以後，如果覆藏三天，發現後需要讓他遷移三天，也即暫時從僧眾中開除三天；然後為僧眾打掃衛生、提水等，令僧眾愉悅三天；三天後，僧眾為他念羯磨儀軌，可以恢復原來的地位。

功德光的《律根本頌》說：若是三藏大師、持律藏者、持經藏者、持對法者，還有具智慧者、具慚愧者，此種人在一個人面前懺悔也開許。比如一位三藏法師犯了僧殘罪，在一個人面前懺悔即可；一般僧人犯了僧殘罪，必須先遷悅，最後解除遷悅。在印度佛教中，僧眾當中犯僧殘罪者經常會有遷悅儀式，遷悅儀式完成後，

《讚戒論淺釋・智者走向解脫之教言》講記

才可以讓他進入僧眾的行列當中。在漢傳佛教當中，我也詢問過一些人，很多說法都不相同。

在這裡講到僧殘罪時，第一個就是所謂的洩露明點。托嘎如意寶已經講得非常清楚，再不重複，希望大家應該注意。

托嘎如意寶很謙虛地說：像我這般淺薄之人，本不應該向其他廣聞博學、清淨戒律、智慧深邃的成就者們說法，真是末法時期之標誌。但現如今也有許多全心全意依賴於我的僧人，我百般鄭重祈求你們，一定要嚴謹護持身之威儀，不要洩漏菩提心明點。這是托嘎如意寶對後代諸位修行人的衷心勸誡。

第十一課

第十二課

下面繼續講《讚戒論淺釋·智者走向解脫之教言》。前面已經講了，世間貪欲的安樂，密宗並未承認為大樂智慧。現在很多人想獲得大樂智慧，那究竟什麼是密宗的大樂智慧？對於大樂智慧的本體，大家首先應該知道。

當今時代，有些人故意毀謗密宗，這是我們無可奈何的。但很想獲得密宗的大樂，卻未被善知識攝受的這些人，根本不知道通過什麼途徑來獲得。這次通過學習《讚戒論》，很多人應該對這方面有所了解。

子七、為成就者所傳之甚深耳傳故隨時隨地應保密：

麥彭仁波切專門講到過保密竅訣的一種教言。也就是說，成就者傳授的甚深耳傳教言，必須嚴格保密，不能隨隨便便傳授給他人。否則，此殊勝教言的真正價值和加持都會消失，對這個法的珍惜心也沒有了。

吾雖無有證悟頂乘智，成就師前聆聽勝密法，

縱知辨法非法之密要，洩露教言因故不欲說。

革瑪旺波丹增諾吾是非常了不起的大德，但他用一種非常謙虛的語言說：我雖然沒有大圓滿頂乘的智慧和證悟，但在蔣揚欽哲旺波、華智仁波切等很多大成就者面前，聆聽過所有無上密法的甚深意義，了知密宗最殊勝的竅訣，能夠善巧方便地辨別法與非法之間的密要，因為擔心洩露秘密教言，此處不想宣說。

《讚戒論淺釋·智者走向解脫之教言》講記

《讚戒論》中只提到密宗對洩露明點絕對不允許，除此以外，其他修生圓次第等密宗如何修持的道理，並未詳細宣說。為什麼呢？現在的有些人，隨便找個弟子就馬上灌最甚深的法要。古代的高僧大德們不像這樣的，他們非常重視洩露秘密。上師如意寶前兩天說：現在有些人的行為非常不如法，不經觀察就去依止上師；上師見到有財力、有勢力的弟子，也是隨隨便便灌密宗的頂，根本不觀察弟子的根基，已經完全失去了密宗的價值，非常不好。古代的高僧大德，為了財產、地位或者別人的奉承阿諛，根本不會出賣自己的法寶，對法寶非常重視。

　　因為傳授密宗法要，必須經過長時間觀察以後才能傳授，所以本論作者從境界和聽受傳講方面，雖然必定通達了無上大圓滿的智慧境界，仍十分謙遜地說：我雖無有證悟頂乘阿底約嘎之無誤密意、本體實相的廣大智慧，卻在諸位大成就智者、具有法相的上師面前，聆聽了共同的無上密法，尤其對《光明心滴論》及竅訣等所有殊勝密法全部精通，已經明確了知如何辨別正法與邪法，對大密金剛乘的六邊、四理之教理，及光明大圓滿的了知、領受、證悟等一切密要，也全部瞭如指掌。

　　一般講顯宗時必須辨別四種意趣㊶和四種秘密㊷，講

㊶意趣，指演說佛法過程中稍微含有誇張的成分，也並非虛言妄說，而是具有特殊必要而宣說的一切法義。可分為四種，即平等意趣、別義意趣、別時意趣與補特伽羅意樂意趣。
㊷秘密，為令有些眾生趣入正道、受持真義，依靠對方感興趣的少數名稱或能接受的條件而宣說，方式雖然與之相同，卻有言外之意。也分四種，即令入秘密、相秘密、對治秘密、轉變秘密。

密宗時必須通達六邊㊸和四理㊹。比如講密宗時，首先需要通達顯宗共同的了義和不了義之法，然後也應了知文從義順等道理。講密宗時若未通達六邊四理，想要傳講密宗法要或者灌頂，非常不合理。

革瑪旺波丹增諾吾說：自己對六邊四理，以及光明大圓滿的了知、領受、證悟等密要非常精通，能辨別正法與非法，並能圓滿傳講，然而，如同空行之心血般心滴派的甚深法要，空行和十萬護法神始終都會保護，所以，很害怕洩露秘密，不在這裡公開宣說此理。

學院這幾天正在念金剛鎧甲，法王如意寶也講了：凡是已經皈依、誠信佛法以上的人都可以念。所以，有了傳承上師的竅訣開許，像念心咒等方面可以特殊開許。除此之外，一般密宗的甚深修法，沒必要傳講給他人，否則，不一定對他們有利。

對《上師心滴》等無上大圓滿的有關法門，第一，一定要得過大圓滿以上的灌頂；第二，必須修完五十萬加行，這樣以後我才開許翻閱或者修持。所謂的無上大圓滿，非法器自己隨便翻閱，不僅沒有利益反而有害。我們今後攝受弟子或與眾生結緣，對於密宗甚深的生圓次第和大圓滿的修行竅訣，自己要有一定的通達或證悟，未獲得這種境界之前，最好不要隨隨便便傳講。一

㊸六邊：了義、不了義、密意、非密意、文從義順、文義悖謬。
㊹四理：隨共同乘之句義，隨生起次第之總義，隨有相圓滿次第之隱義，隨無相大圓滿或隨彼果之究竟義。

《讚戒論淺釋・智者走向解脫之教言》講記

般來講，淨土、禪宗等有關顯宗的教言，很多人暫時都能接受，對自他也無有任何害處，通過這些方式攝受或者結緣也非常好。但密宗大圓滿，比如念《繫解脫》、《文殊大圓滿》，直接對他說：「你看一下，不開許也沒關係，你看看多好啊⋯⋯」以這種方式不一定有利。大家在這方面一定要注意。

本來革瑪旺波是通達一切顯密教法的大上師，但是從他的傳記裡來看，除了極少數弟子以外，基本上不傳密法，在他的一個廣傳裡是這樣講的，非常注意保密。

《誓言照明續》云：「密法並非有過失，為利眾生故保密，能密悉地不消失，故說種種表示法。」密法為什麼一定要保密呢？並不是它具有過失而保密。由於只有真正的法器去修持才會有利，故而為了它的悉地不消失，才宣說了各種方便的表示法。

丙二（別分持戒之方法）分二：丁一、略說此濁世中揭露自過；丁二、法融入心之理。

丁一、略說此濁世中揭露自過：

作者在這裡用非常謙虛的語言說：在如此濁世當中，如我一般的眾生非常可憐，表面看來，穿著僧衣、住在寂靜地方，卻整天被世間八法等瑣事纏繞，根本沒有好好修行，非常慚愧。從現在開始應該觀察自心、觀察自己的過失，這一點非常重要。

嗚呼我與如我濁世眾，誠心向法寥若晨星故，

不做無聊之事當利眾，反覆內觀審察極重要。

作者用嗚呼的悲哀語氣首先感歎：「我與如我濁世眾。」華智仁波切在《大圓滿前行》裡面，每講完一個引導文都會說：我和如我般的惡劣眾生。但現在的很多人：我和如我的大成就者……，我已經見到文殊菩薩，與觀音菩薩面對面說話等。這是濁世的一種現象。這裡說：我和像我這樣的濁世眾生，真正想在內心調伏自己的煩惱、改正自己過錯的人，就像白天的星星一樣，非常少。所以從現在開始，最好不要做無聊之事，應該精勤利益眾生。

敦珠仁波切有個教言，方便的時候很想給大家翻譯一下，他說：如夢一樣的人生當中，有名聲也可以，沒有名聲也可以，只有修持正法最重要；恍恍惚惚短暫的人生當中，有病也可以，無病也可以，只有修持佛法最重要……全部用這種比喻宣說。作者在這裡說：「誠心向法寥若晨星故，不做無聊之事當利眾，反覆內觀審察極重要。」最好不要做無聊之事，真正在內心思維最有利益的事情：自己修持一點佛法，發起利益眾生的菩提心，這是最主要的。因此，反反覆覆觀察自己的內心：雖然已經出家，但是我有沒有誠心誠意修行佛法？如果沒有，整天穿著出家人的衣服到底在做什麼？我在有生之年當中，一定要想盡辦法對治自己的煩惱。應該反反覆覆地思維觀想。

不僅僅是我，講過這麼多大論典的革瑪旺波丹增諾吾，他老人家也是生起極大厭離心，對這些唯求世間八法

《讚戒論淺釋‧智者走向解脫之教言》講記

的形象出家人發出了「嗚呼」的感歎：當今時代，我與如我一樣剛強難化的濁世劣緣眾生，由於往昔未被上師攝受，所積之惡業惡緣非常深重，所以從心坎深處希求後世、真正嚮往佛法的人非常稀少，如同白晝之星一般。

　　當時我們即使跟隨上師如意寶一起在托嘎如意寶座下聽法，除了這些殊勝教言以外可能也沒有其他。托嘎如意寶當然是相好莊嚴、見而解脫的一種身相，但是，托嘎如意寶所生活的石渠比色達還要高，當時很可能不太講衛生，看起來不一定讓人生信心。從語言方面，除了這些教言以外也再沒什麼可講的，他說：現在的外境善於蠱惑人心，除了一些寂靜處，大城市裡面什麼事都有，人們的心很容易轉變。如果具有一定智慧，不會被外境所轉，然而外境的誘惑力非常強盛，自己的智慧非常淺薄、沒有主見，分別念很容易轉變。所以，希望大家不要依靠種種無聊的事情度日。應當像噶當派前輩的傳記中所說的，一心一意無私地行持利益他眾的事業。所以，只要對眾生有利，哪怕障礙自己的修行也可以做，除此以外，最好不要整天圍繞自己做一些毫無意義的無聊瑣事。

　　對於自心應詳察細審，使正法真正融入自相續，這一點極為重要。現在很多人，正法不能融入自相續，比如從未品嘗過糖味的人，其他人天天講這個糖特別好吃，自己只是看一看、從未吃過的話，不一定有利益。大家對於每天所講的這些道理，一定要融入到自心當

中，這時才能獲得真正的正法甘露。

誠如阿底峽尊者所說：「如今五濁之惡世，非為裝模作樣時，乃為策勵精進時；非為尋求高位時，乃為置於卑位時；非為攝受眷僕時，乃為依止靜處時；非為調化弟子時，乃為調伏自心時……」這個教證，在《大圓滿前行引導文》裡面講發殊勝菩提心時引用過：現在末法時代，並不是裝模作樣的時候，而是精進修持的時候。不是希求高位的時候，而是像噶當派那樣，住於卑劣地位精進修持的時候。不是攝受眷屬的時候，依靠眷屬中各種各樣的人，只有散亂自己的善心，所以是依止寂靜處自己修持的時候。不是調化弟子的時候，這些剛強野蠻的眾生，今天還算不錯，沒有兩天就一反常態，在這樣的濁世，調化眾生有什麼意義呢？應該自己到一個寂靜的山林當中、任何人都見不到的地方，時而觀心時而觀身，再念一念觀音心咒「嗡瑪呢巴美吽舍」。在除飛禽野獸外、無有任何人的寂靜地方，努力修行才是最好的，沒必要攝受這些剛強難化的眾生。

又說：「非為隨持詞句時，乃為思維意義時；非為到處遊逛時，乃為安住一處時。」文章寫得特別好、詞句用得特別美都毫無用處，現在不是跟隨詞句的時候，而是思維其甚深意義的時候。也不是到處雲遊的時候，今天到一個上師那裡、明天到一個城市裡面……不是做這些的時候，應該是安住寂靜地方的時候。

這是阿底峽尊者當時對弟子描述修行的情況，也講了有關末法時代的象徵。

持明無畏洲，也就是智悲光尊者說：「如法行者少如白晝星，切莫廣傳空行之寶法。」真正如法行持的人少得不可宣說，就像白天的星星一樣，一百個人當中有幾個如理如法行持的人？所以，千萬不要將這些甚深法要傳給他們。不然，一定會後悔的，今天覺得這個人還不錯，給他傳授殊勝的法要，傳完法以後就變了，開始毀謗三寶、毀謗上師……這個時候，上師後悔也沒有用。所以，最好將甚深的法門隱藏在心中，自己享受真正的法味，不要隨隨便便見到一個人就開始傳授，不僅對眾生不利，更會對自己不利。

丁二（法融入心之理）分七：戊一、思維希求表面名譽之過患；戊二、思維誠信無欺因果道理之功德與不信之過患而理應守持；戊三、思維堅定持戒誓言之功德；戊四、遣除違緣障礙之方便恆時恭敬上師；戊五、思維經說僅持形象之功德而守戒之理；戊六、思維末法五百年守少分戒之利益應持戒之理；戊七、思維諸眾應讚應敬之利益而持戒之理。

戊一、思維希求表面名譽之過患：

應該想一想：希求表面的名聲無有任何實義。見到一個人就發張名片，名片上自己將自己稱呼為金剛上師，給自己做一個很好的「金剛上師」的帽子。一般來

說，以前的高僧大德們必須有其他寺院印證以後，給他發金剛上師的證書。但現在很多藏族、漢族這些所謂的「大德」，他們自己做一些非法，我們也擋不了，但真的對佛法不利，對眾生有利還是有害？也很難說。這種名聲沒什麼用處。

內心唯求今生之美名，外表雖現善妙亦希憂。

濁世的這些眾生，內心唯一希求今生之美名等世間八法，自認為「依靠佛法得到世間的一些名聲多麼好……」，為了引誘欺誑，在他人面前裝得十分莊嚴如法，外表顯得極為善妙，內心卻想依此獲得名聞利養、恭敬讚歎，一直在希望和擔憂的網中無法自拔，其根源也是害怕得不到名聞利養、遭到呵責等，無有任何實義。

敦珠仁波切說：如空谷聲一樣的名聲，得也可以、不得也可以，最好不要欺騙自己，只有修持正法最重要。在這個如同幻化的世界當中，所謂的名聲，有也可以、沒有也可以，最主要、最根本的，就是心融入於法，這才是最重要的。但現在這些人，外表顯得莊嚴如法，內心當中，在希望獲得世間名聲的同時又擔憂自己的名聲受損。

《三摩地王經》云：「長期妄語非梵行，恆時求利墮惡趣，身著梵淨行勝幢，破戒彼者說非法，內心貪執財糧食，坐騎黃牛及馬車，無有慎持學處者，彼等為何剃髮鬚。」經常口中宣說妄語、身體行持非梵行，到處漂泊，欺騙他人錢財，恆時尋求利益的這些人，死後必

《讚戒論淺釋·智者走向解脫之教言》講記

定會墮入惡趣。身上雖然穿著釋迦牟尼佛的法衣，實際已經破戒者，經常宣說的也是非法，內心唯一貪求錢財、車輛等。那麼，未能謹慎守護自身學處、內心與在家人無有任何差別的這些人，你們到底為什麼剃除鬚髮而出家呢？不如不出家好一點。不出家就不會對佛法有損害，對你自己也不會有這麼大損害。

那天有一個人說：「有些上師先求普通車，再求高檔車，然後要別墅……」不論上師還是普通修行人，對於擺在大家面前的這些事實，都值得考慮。以前藏地牧區的人，對馬、牛等非常貪執，到別人家裡超度的時候：他們家裡最好的馬會不會給我？最好的犛牛會不會作為超度費……。他們在如此胡思亂想時，中陰身也會如實了知從而生起嗔恨心。有些還魂師觀察到的這些現象非常多……現在的中陰身可能看到的景象已經不同了。

世親論師說：「雖以種種裝束行，若無戒律行苦因。」外表上雖然裝模作樣顯得非常莊嚴，但相續中無有絲毫能夠守護三門的戒律，只是行持苦因而已，沒有任何實義。

我現在特別忙，主要是法本方面的事情比較多，再加上其他法務也比較多。本來想專門安排時間，給這些沒受過戒的人傳一次戒，我自己的想法是，不管男眾女眾，先受沙彌戒，在這個基礎上待兩三年再看看，可能好一點。不然有些女眾：「聽說有一個上師傳戒，特別殊勝，傳承

倒不要緊，我現在既然已經出家了，一定要好好地當一個比丘尼。」比丘尼的學處確實非常難守。這不是讓你們生後悔心，但對學處一點都不懂，不能好好守持的話，恐怕不是很好。以前法王如意寶也說：女眾先暫時受沙彌尼戒，兩三年以後若還能守持，再可以受比丘尼戒。因為一般人都是這樣，剛開始的時候，一定要精進修持，一定要做最好的比丘或比丘尼。但受完戒以後會不會破戒？這方面很困難，需要反反覆覆思維。

最初受一個沙彌戒，再看情況是否受比丘戒，這樣好一點。尤其很多人斷傳承去受戒，覺得有點可惜。受戒當然很好，如果守得好，比丘尼戒也非常好。但是將所有的傳承中斷了，去受戒的話，你到底會不會守啊？只不過聽別人說：那位上師馬上就圓寂了，今年最後開一壇戒，非常殊勝。然後斷很多傳承……我這個算不算傳承也不知道，但無論如何，每天早上都有兩三堂課，法王如意寶的課也是非常難得，這些傳承全部斷了，去別的地方求戒的話，你會不會守護？有些地方大家應該注意，我們也會想盡辦法，過一段時間可以給大家傳一次戒。

戊二、思維誠信無欺因果道理之功德與不信之過患而理應守持：

雖與美女朝夕共相處，若思無欺因果不束縛，

否則外相雖裝守持戒，然被時境外緣所轉變。

這個教言非常殊勝。雖然你的周圍有很多美女，實

《讚戒論淺釋·智者走向解脫之教言》講記

在無法離開，只要對無欺因果具有一定的誠信，美女、眷屬以及財產等根本不會束縛你。

有些人也是這樣，在他出家的時候，有家庭、孩子、單位等很多違緣和困難，但內心始終想到：「輪迴這麼痛苦，即生沒有出家，即生沒有守持戒律，以後生生世世再不會有這個機會。」真正對因果法門生起無偽的信心以後，外境的朋友、家產等，根本不會困擾你，根本不會束縛你。否則，這些外緣出現的時候，你根本沒辦法面對：算了算了，我還是回去吧……。到縣上住兩天，看一看、聽一聽，慢慢地不得不回去了。

不論男人女人，內心對無欺因果有不退轉信的話，任何外緣都不會束縛你，否則，外相上似乎持戒很清淨、修持很精進，但這種精進和假裝的形象，時間長了以後，外境各種各樣的違緣很容易轉變你的心態，修行和出家持戒也不會長久。

對於守持戒律，僅僅懂得學處並不足夠，一定要在內心中對生死因果、輪迴痛苦生起強烈的信解，這時守戒也不會很困難。有些人在守持戒律的過程中，男女之間的貪心很難斷掉；還有些人對家產、財產難以斷掉；有些人的瞋恨心難以斷掉……只不過不說而已，每個修行人在修行的過程中都有很多困難，最主要的對治方法是什麼呢？就是對生死輪迴生起強烈信解。這種信解真正生起以後，斷除世間的家產、地位、名譽等不會困難。

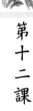

第十二課

這真是革瑪旺波他老人家最殊勝的一種秘訣。外表行為雖然下劣，與心愛的女人朝夕相處、形影不離，但是遇到正法，真正法融入自心的話，對於美女、家產等各種各樣的環境，很容易就會捨棄。即便貪欲非常強烈的人，真正對因果輪迴生起強烈信心以後，再不會生起這種煩惱心。

反覆觀察思維佛經論典注疏中宣說的「百劫不毀之無欺善惡因果」，並真正通達乃至細微分類也不能違越之理，作為男眾修行人，根本不會受女人的束縛；女眾修行人，也根本不會受男人的束縛，甚至你的丈夫來打你，也不會聽他的。就像難陀的傳記一樣：首先難陀根本不願意捨棄班扎日嘎美女，因為她長得非常好看，難陀對她的貪心實在無法斷除，釋迦牟尼佛親自勸說也毫無用處。後來，佛陀將他帶到天界，難陀見到天女非常美麗，很想與她們共同生活；又到地獄裡面，才知道三界輪迴真的很痛苦。從此以後，難陀對整個輪迴生起了強烈的厭離心，對班扎日嘎美女也不再生起貪心。

所以，強迫壓制自己的煩惱、打自己，這不是一種辦法。聽說有些人生貪心的時候，馬上用《大圓滿前行》打自己的腦袋，但你的腦袋除了打架以外不會破的。這是一種愚癡的做法，一定要思維上師的教言，這時貪心自然而然就淡漠了。很多人也是這樣，以前嗔恨心非常嚴重，到了學院以後，學習了《入菩薩行論》，對於嗔恨的過患、

輪迴的痛苦有所了解，自己的生活完全是一百八十度的改變，為什麼會改變呢？就是自己內心生起了真實的定解。如果沒有生起定解，只是一兩天當中不想說話，眼睛直視前方，裝得特別像，這樣維持不了很長時間。

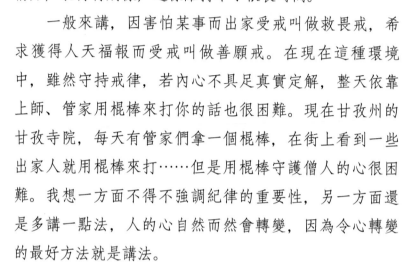

一般來講，因害怕某事而出家受戒叫做救畏戒，希求獲得人天福報而受戒叫做善願戒。在現在這種環境中，雖然守持戒律，若內心不具足真實定解，整天依靠上師、管家用棍棒來打你的話也很困難。現在甘孜州的甘孜寺院，每天有管家們拿一個棍棒，在街上看到一些出家人就用棍棒來打……但是用棍棒守護僧人的心很困難。我想一方面不得不強調紀律的重要性，另一方面還是多講一點法，人的心自然而然會轉變，因為令心轉變的最好方法就是講法。

自己是這樣，別人可能也是這樣。我自己將近二十年的親身體會，佛法無論如何都是最好的，只要佛法稍微融入心，行為自然而然就會如法。麥彭仁波切《二規教言論》裡說㊺：智慧越來越增上時，行為會越來越規範。所以說，受到佛法的教育非常重要。沒有佛法的教育，你一兩天守比丘戒、比丘尼戒，守密乘戒等，佛法若沒有真正融入內心、對輪迴沒有生起厭離心，或者對三世因果未生起信解，這種行為也不會長久。

㊺《二規教言論》：若其智慧愈增長，高尚行為亦隨增，高尚行為愈增上，一切福德如泉湧，其後年月日時中，自己獲得大進益。

《教比丘經》中說：「譬如善妙樹，長期生樹枝，彼人長持相，恆時增罪惡，增上諸罪業。」譬如善妙的樹會長期生出善妙樹枝，同樣，具有一顆善妙的心時，行為自然而然也會變成善妙，一個人若內心無有佛法所攝持，僅持形象戒律的話，只能恆時增長罪業而已。

又云：「不住諸學處，而披佛幢者，不如破戒後，立即還俗好。」經中說，不住於學處而披上釋迦牟尼佛的袈裟，行為一點不如法，這種人破戒後不如還俗好，這樣不會對佛法有很大危害。若穿著袈裟卻不具足戒律，還經常欺騙其他眾生，這對佛法的危害非常大。

革瑪旺波在下文講到，僅僅穿著僧衣也有不可思議的加持。兩種說法是否矛盾呢？

不矛盾。有些人相續中已經破了戒，仍然穿著僧衣、精進修持佛法的話，藏地有種說法：這個人雖然破戒了，但最好不要脫僧衣，否則會殺犛牛的。一般在藏地，只有在家人殺犛牛，出家人從來不會有這種行為。所以，釋迦牟尼佛的法衣具有一種不共的加持力。我有時候想，有些人穿著袈裟的話，即使回家也不敢直接殺雞、殺魚，因為他沒有頭髮、穿著出家衣服。但是，穿著出家法衣，經常欺騙其他眾生，那不如還俗好一點。兩種說法的界限很清晰，並不矛盾。

戊三、思維堅定持戒誓言之功德：

故當再三思維來世業，堅定誓言不為外緣害。

《讚戒論淺釋・智者走向解脫之教言》講記

所以，應再三思維、發堅定誓言，不要被外緣毀壞你的誓言。不僅僅是空言虛談，應當從內心深處不止一次而是再三思維成辦自他來世的永久大業，若能如此堅定誓言不捨學處，無論如何也不會為惡緣、女人、惡友等暫時外緣所損害。

　　自己具有非常堅定的誓言時，遇到再惡劣的環境也不會損害你的修行。《札嘎山法》最後說：就像日月自在運行一樣的境界。在沒有達到這種境界之前，只是稍微有了一點境界就認為：不論在女人、惡人哪一種環境當中，我都不會有什麼危害。這種想法很危險。

　　《入行論》云：「行持若如斯，縱住惡人群，抑處女人窩，勤律終不退。」已經得到一定穩固境界的人，雖然住在惡人或者女人群體中，他的戒律根本不會摧毀。在國外的一些藏族高僧大德，經常與女人等很多人相處，但戒律非常清淨，事業、名聲等各方面根本不會受到任何損害。我們也可以看到，有些高僧大德在大城市已經十幾年了，戒律非常清淨。但一般來講，就像法王如意寶所講的：這種人非常少，就像白天的星星一樣。很多人一開始認為自己有了一定的境界，到大城市裡住一段時間，可能就會隨外境而轉了。

第十三課

托嘎如意寶造的《讚戒論淺釋》當中，前面已經講了法融入心有七個方面的道理。

上師如意寶講了，法融入心非常重要。不管形象什麼樣，口頭上怎麼說，一旦真正的佛法融入自心，很多世間上的問題、困難都可以解決，修行過程中的違緣也可以遣除。平時聞思的時候，對所講的任何法，一定要詳詳細細思維，思維的過程中，真正通達它的本義，這時自己再繼續串習，這個法對你來說有很大利益。僅僅聽一遍不行，僅僅思維一兩次也不行，我們無始以來在煩惱方面的串習非常嚴重，善法方面的功德一直沒有串習修煉。因此，平時在上師善知識的引導下，似乎有了一點了解，但沒有經常串習的話，很快就會被分別念所染污，或者被分別念遮障。

佛教之所以非常強調聞思修就是這個原因。如果不斷地聞，思所智慧會越來越增加，思所智慧增長以後，修慧自然而然也會增長。《札嘎山法》中說：聞思修三種智慧相輔相成。僅僅口頭上、形象上的聞思修行遠遠不足夠，一定要將佛法的道理融入到自己的內心。比如現在法王如意寶每天講《大圓滿前行引導文》，對於裡面的很多道理、公案，這幾天我問了幾位金剛道友，很多人只是看著書能讀得來，這一點我很不滿意。看著書

《讚戒論淺釋・智者走向解脫之教言》講記

肯定讀得來，這一點小學一年級的人也基本上能了知。

而且《大圓滿前行》從藏文上就有一種特點：簡單易懂。水平再低的人也可以看懂，我以前翻譯的時候，也沒有用任何艱澀難懂的詞句或成語，盡量用簡單明了的語言來表達。你們有些人從字面上能讀得來，就認為《大圓滿前行》全部懂了，實際裡面的每個公案、每個教證，如果未融入自相續，這次學習肯定不成功。

現在很多人在修加行各方面，可能還不錯，但大多數人對《大圓滿前行》的真正意義不一定懂。上師老人家講得也很快，因為身體的原因，他老人家不可能像給小學生講課一樣，一個字一個字地指點。按理來說，大家應該有一個輔導，不然對裡面的道理，好像根本沒有融入心當中，只是大概大概地理解，到底講的什麼都沒有明白。

同樣，以《讚戒論》為主的這些論典，只是字面上讀一讀沒什麼可稀奇的，關鍵是，其中每個教證的含義，能不能融入自己的相續？這樣才對自己有一定的利益。

下面繼續講法融入心當中的第四個問題。

戊四、遣除違緣障礙之方便恆時恭敬上師：

這裡的上師指蓮花生大士。前文說，應再三思維成辦來世的事業，發起堅定不移的誓言，千萬不要被外緣所轉。在現在複雜的環境和世界當中，大家一定要堅定

自己的誓言，無論修任何法，一定要將這一法修持究竟，不要中斷，也不要被其他違緣摧毀。為什麼呢？一旦被違緣摧毀，可以說這個修法沒有成功。而修行不被損壞的唯一方法，就是祈禱上師三寶。

作為一個修行人，所有的違緣要一一面對非常困難，但是，以上師三寶的加持，許多違緣可以遣除。很多人經常說：「上師的加持下……」有些不可逆轉的前世的違緣或者定業，即生除非常強有力的對治法以外，不一定馬上轉移，除此以外，只要以虔誠的信心祈禱，世間很多暫時的違緣，通過上師三寶的加持力全部可以斷除。

然亦會遭惡魔之危害，恆以恭敬清淨之信心，

猛厲祈禱上師蓮花生，決定不為違緣所轉變。

以前上師講《讚戒論》的時候，特別強調過這一句。上師如意寶講課時也經常引用這個教證，要求大家一定要好好地祈禱蓮花生大士。因為蓮花生大士的發願跟其他佛和高僧大德的發願不同，藏傳佛教中，在遇到違緣的時候，經常會念蓮花生大士心咒，而有人去世的時候，一般是祈禱觀音菩薩。

上師如意寶說：革瑪旺波丹增諾吾說，只要我們誠心誠意祈禱蓮花生大士，不會受到任何違緣。當然，從佛教觀點來講，並沒有說百分之百不受違緣。按照《俱舍論》的觀點，有些前世的異熟果成熟時很難轉變。但

暫時的不善業或者違緣，可以遣除。從藏傳和漢傳醫學來講也是這樣，真正壽命已經盡了，藥師佛親自降臨在你面前，也不可能救活，不然藥師佛可以讓三界眾生都不死，因此，已經壽命盡的話，不可能逆轉；如果壽命未盡，只是福德暫時用盡的情況下，可以通過增加福德來延長壽命，如念經、做善事、放生等。同理，有些違緣是前世的定業，這是不可逆轉的；其他暫時的違緣，依靠蓮花生大士的加持可以轉變。

蓮花生大士說，在末法時代，會遇到妖魔鬼怪的危害，是正常現象。只要以恭敬心和清淨心猛厲祈禱蓮花生大士，經常念誦蓮師的金剛七句祈禱文：「吽

歐堅耶傑……」麥彭仁波切說：蓮花生大士已經發了堅定的誓言，只要你念一遍這個祈禱文，蓮花生大士也會從蓮師空行剎土降臨在你面前，加持你。所以，我們應該經常念誦金剛七句祈禱文、蓮花生大士心咒。

當時蓮花生大士前往羅剎國時，很多藏族的男女老少特別痛苦，在蓮花生大士面前一直恭敬頂禮、放聲大哭。這時蓮師說：你們夜晚的時候念誦蓮花生大士心咒，白天應該念觀音心咒，我與觀音菩薩無二無別。無論有任何痛苦違緣，我一定會降臨在你們面前。蓮花生大士以前曾作過這種承諾。或者，平時遭受違緣痛苦時，也可以念《蓮師傳記》。很多伏藏品中都有蓮師的傳記，平時念誦的話也有一種不同的特殊音調。在末法

第十三課

時代，很多修行人會遇到違緣，依靠其他的神通神變無法遣除，但是依靠這些金剛語，以無欺的因果力可以遣除。

很多人不太相信，讓他念十萬遍蓮師心咒，他說：「你怎麼知道是十萬遍蓮花生大士？為什麼不祈禱文殊菩薩？」諸佛菩薩和高僧大德的發願各不相同，蓮花生大士在遣除眾生身心困苦和違緣方面，具有一種不共的威力。

一般來講，智慧廣大、誓言堅定的人，不會輕易被魔控制、遭受違緣，但現在末法時代，眾生的心態就像秤桿一樣，誓言不堅定、心態不穩固，稍微遇到一點外緣，心就很容易轉變，這種人，魔也很容易趁機危害他⑯。尤其比較精進、智慧不是很高的人，每天對空性法門、解脫法門非常精進，真正有所收穫的時候，魔王就會製造病緣、違緣、謠言等，以各種方法開始加害。這時最殊勝的對治，並不是偶爾性而需要恆時祈禱蓮花生大士。晚上臨睡前、早上起來，最少念一百遍蓮花生大士心咒，猛厲祈禱。《大圓滿前行引導文》修上師瑜伽時，要念一千萬遍，如此念誦者根本不會受暫時的違緣。一心一意地祈禱念誦，並在心中觀想：諸佛智悲力之總集、語言之本體、現為金剛阿闍黎形象之上師蓮花

《讚戒論淺釋‧智者走向解脫之教言》講記

---

⑯《君規教言論》：稍逢順緣生喜慢，稍遇逆境心躁怯，如秤桿般惡劣者，即是卑鄙之徒也。

生大士明知，請您垂念我。如此一來，無論遇到多大的違緣，決定不會為違緣所轉變。

我想，在末法時代的此時，這是托嘎如意寶和革瑪旺波丹增諾吾對我們最殊勝的一種教言。不管什麼樣的修行人，上至高僧大德弘法利生的事業，下至只會念句「阿彌陀佛」的乞丐，在他的修道過程中都會出現很多違緣。若想將這些違緣真正轉為道用，一心一意祈禱上師非常重要。

以前有一位堪布拉雪，他經常說：「現在末法時代沒有一點違緣是不可能的，沒有一個人的修行會順順當當，不遭遇一點違緣而成功。」所以，平時祈禱上師三寶非常重要。若能精勤祈禱上師三寶，即使有一些違緣，很快時間中也會轉為順緣，有這種可能性。

不僅遇到違緣時需要經常祈禱，沒有遇到違緣時也要祈禱。但大家不要過於執著「我的違緣」，以後若能講敦珠仁波切的教言，對大家可能會有一點利益。因為現在很多人的心態，越學空性我執越強了一樣：「我的家、我的父母、我的城市……」這次通過非典型肺炎，很多在家人和大城市裡面的人好像無所謂，能夠坦然地面對：死就死吧，無所謂，反正活在世上的時間已經足夠了。在寂靜的山谷裡住著的出家人，學院裡的個別人，有時候我執更加強盛一樣，這樣不是很好。有些違緣不一定真正是違緣，比如很多專家說，非典的主要病

第十三課

因就是吃野生動物，因為南方人特別喜歡吃鮮活的野生動物和水生動物，所以中國像東北等地方的人，經常批評他們。這樣的話，以後這些人可能再不敢吃活的動物了。

世間上的很多事情，不要把外境全部看成敵人，所有事情都變成違緣。麥彭仁波切在《君規教言論》裡也說㊼：表面上的違緣很可能成為順緣，表面上的順緣也可能成為違緣。

如頌云：「身語意皆依止我，蓮生不欺諸君臣。」當時蓮師離開時，很多君臣依依不捨，於是他老人家說：你們若能身語意全部依止我，並精進祈禱，我根本不會欺騙你們，你們於今生來世必定會獲得利益。又說：「終生修上師，彼人命終時，融入我心間。」終生修念蓮花生大士者，於命終時會融入我之心間，轉生到蓮師剎土當中。

大家以後應多念蓮花生大士心咒「嗡啊吽班札格熱班瑪色德吽」，以及金剛七句祈禱文：「吽 歐堅耶傑呢向燦，巴瑪給薩東波拉，雅燦巧格歐哲尼，巴瑪炯內義色札，括德喀卓芒布果，且傑吉色達哲傑，辛吉洛協夏色所，格熱巴瑪色德吽。」還有八大持明者祈禱文㊽：

㊼《君規教言論》：表面多數之順緣，許多成為諸違緣，表面多數之違緣，亦有於己有利者。

㊽普獲悉地祈禱文：智波格熱燦嘉當，智波仁怎欽波嘉，向森涅沃這嘉當，哲慶嘎嘉拉措拉，所瓦得所辛吉洛，協囊桑沃瓦恰所，三巴耶因哲巴當，巧當屯孟歐哲作。

「智波格熱燦嘉當……」這與蓮師祈禱文基本相同。

戊五、思維經說僅持形象之功德而守戒之理：

佛經當中說：僅僅持一個出家人的形象也有很大功德。應觀想這些道理而好好持戒。

若於殊勝佛法起信心，僅剃頭髮披紅黃僧衣，

果報現後善因得增長，經說種種善聚妙功德。

對釋迦牟尼佛的殊勝教法生起信心，覺得學院的佛法、僧眾、上師等非常殊勝，僅僅剃頭髮沒有兩三天，家人就來把他帶走了……即使如此也有很大功德。因為剃除鬚髮、穿上紅黃袈裟，雖未守持清淨戒律，其果報也會於今生來世得以增長，佛陀在有關佛經中說：此人獲得種種善妙功德。

對引導我們趨至解脫乾地的殊勝稀有佛法，倘若真的生起堅定不退的誠摯信心，認為只有它才能引導我們從輪迴大海中趨至解脫彼岸，由此，僅僅捨棄在家相剃掉頭髮鬍鬚，不要說穿上真正的紅黃袈裟，甚至出家衣服的一塊補丁帶在身上，於今生不會遭受非人猛象等損害，因為只是身披僧衣，也能清淨當天享用信財、亡財的罪障，可以償清宿債等。所以，穿上僧衣非常重要，而且應該穿得莊嚴一些。有些在家人，雖然沒有出家，也經常喜歡穿一些紅色、黃色的衣服，可能是將來想出家……。以前華智仁波切說：哪怕僅僅穿著出家僧衣，這一天的信財也可以享用。以上講到了今生的果報。

以前印度的很多在家人，為了護身，經常隨身攜帶一塊出家人紅黃僧衣的碎片，就像現在的嘎烏盒或者金剛帶一樣。真正出家人的衣服、出家人踩過的灰塵，都是非常有加持力的。喇榮溝的土不一定很乾淨，但山溝下面的水，有些食道癌病人喝了以後馬上會好。尤其經堂掃出來的灰塵，附近很多地方的農民、牧民，如果莊稼和牲畜不太好的話，經常將這些灰塵灑到田地裡，或者倒到牛圈、馬圈裡……這是很理智的一種做法。

　　現在末法時代的時候，真正被持清淨戒律的人、被這麼多僧眾，加持過的水、山、土地等，應該是很有加持力的。很多居士來到喇榮的時候，身上帶的錢全部花光了，於是從龍泉水接一點水拿回去給家裡人喝……給家人喝的時候，有些人不理解：「我們這裡有礦泉水，你拿的什麼龍泉水、鬼泉水……」不過有些人還是很滿意的。

　　（上師為座下的老山羊念咒加持……「炯丹迪得因夏巴，扎炯巴央達巴，作波桑吉，仁欽色多堅拉香擦洛秋度加森秋」，「仁欽色多堅」是寶髻佛。寶髻佛如來的名號在旁生耳邊聽到，這輩子一定會脫離三惡趣。）

　　來世的安樂種子因此越來越增長，佛在經中宣說了種種善聚勝妙功德。如《地藏十輪經》中說：以前有一個人被國王判處了死刑，扔在尸陀林裡。諸位羅剎女見到他的頸項上帶著袈裟布片，對其恭敬頂禮，並說：

《讚戒論淺釋・智者走向解脫之教言》講記

「汝且安然無恙住，吾等不會加害汝，見汝剃髮披法衣，吾等亦將隨念佛。」一般在印度被判處死刑後，不需要由人來執行，將此人扔到尸陀林後，自然會有很多妖魔鬼怪、餓狗豺狼等把他吃掉。但是這個人被扔到尸陀林以後，諸位羅剎女也對他十分恭敬，說到：見到你身披出家法衣，我們也生起善根隨念佛陀。

另外，在世尊傳記中也有猛象見人身著紅色法衣而恭敬禮其足的公案⑭。當時，一個獵人穿著出家法衣去獵殺大象，在猛象要吃他的時候，看見他穿著出家衣服，便說：無論如何我也不能傷害出家人。

此外，如頌云：「猛者最畏懼，見人著袈裟，非天趨地下。」一些最勇猛者，十分害怕有人穿著袈裟；非天阿修羅等，見到身穿出家法衣者，也被嚇得跑到地洞裡面去，不敢惹。《花鬘論》云：「身上披著袈裟者，宛如升起璀璨日，極為殊勝倍莊嚴，三十三天如意樹，樹葉可滿一切願，脫落枯葉換新葉，如是為除諸罪業，近圓戒律亦復然。」身披袈裟者，就像太陽初升一般非常莊嚴。三十三天如意樹的樹葉可以滿足一切眾生所願，相續中具足近圓戒、穿著袈裟的修行人，就如三十三天如意樹一樣，能夠滿足人和非天的一切願望。《地藏經》云：「身著仙人之勝幢，一切智者極讚頌，

⑭詳見《釋迦牟尼佛廣傳・白蓮花論》安慧獅子恭敬袈裟、象王恭敬出家相兩個公案。

何人於彼作供養，決定解脫三有縛。」「仙人」也即佛陀。佛陀的勝幢或者標誌就是袈裟，一切智者都對穿著袈裟者大加讚歎。任何人對其作供養，決定會從三有中獲得解脫。

從上述道理可以看出，很多人能夠有出家機會真是非常難得。全知無垢光尊者也說：雖然曾經多次獲得掌控三界轉輪王的果報，但身披袈裟而出家的機會，僅僅這一次。所以，以前若多次出家，現在不一定還在輪迴中流轉，這次在短暫人生當中遇到如此殊勝的因緣，自己能夠身披袈裟，非常難得。

當然，這種出家身分或者袈裟，在末法時代眾生尤其大城市個別人的眼裡，不一定很莊嚴，這也沒辦法，釋迦牟尼佛在能圓外道的眼裡，一點不莊嚴且具九種醜相。所以，對於沒有信心、沒有緣分的人，看到這身僧衣可能會很討厭，但對我們來說，甚至身穿僧衣也非常難得，大家應該生起歡喜心。

戊六、思維末法五百年守少分戒之利益應持戒之理：

往昔受持如海圓滿戒，濁世一日受持一分戒，
佛說此德較前更殊勝，欲善之人何不勤持戒？

往昔釋迦牟尼佛教法圓滿，尤其在果法期時，比丘、比丘尼等能夠圓滿守持所有戒條；在末法濁世一日中守一分戒，比如僅僅守居士戒的一分戒，佛陀說：此

功德與前者相比更加超勝，心向善法的人們，在末法時代的此時為什麼不重視戒律？所以，不論在家人、出家人，應該守持的戒條非常多，比如別解脫戒有七種，若其中一分戒也不能守持，活在人間尤其學習佛法也是非常可惜。包括居士在內應該受八關齋戒，出家人即使不守八關齋戒也有各自應守的學處。龍猛菩薩在《親友書》中說：戒如動靜之大地，一切功德之根本。

往昔在興盛圓滿前劫時，眾生煩惱薄弱、諸根調柔、不放逸，此時守持如海圓滿佛教之戒律學處；於現在鬥諍時末法五百年㊿的五濁惡世，僅一日守持一分戒律，佛陀在諸經藏和律藏中說：此功德較前者更為殊勝，希求善妙解脫道的眾智者，為何不精勤受持戒律如意寶？在末法時代，哪怕一天持戒的功德也不可思議，為什麼不受持？理應受持。

《三摩地王經》云：「不可思議劫之中，供養數俱胝佛者，不如正法極衰敗，善逝聖教毀滅時，一日守戒福德勝。」有些說以寶傘等各種供品作供養，《三戒論》裡引用過……內容稍有不同，意思基本上相同。在以前圓滿劫時，於不可思議劫中，以各種各樣的資具勝寶作為供品，供養無數俱胝佛陀；現在接近末法時代，善逝之教法接近毀滅時，僅一天守持戒律的功德，遠遠勝過前者。

㊿《彌勒請問經》中講到末法五百年的象徵與現在非常接近。

164

戊七、思維諸眾應讚應敬之利益而持戒之理：

具戒之士足下踐踏塵，梵天帝釋為供亦頂戴，

有智之士為何不應令，美名飛幡飄揚三有界。

具有清淨戒律的人腳下踩的灰塵，世間最高的帝釋天、梵天等很多天眾，也是將它作為頂飾恭敬頂戴，那麼，具有智慧者為什麼不令其美名飄揚於三界當中呢？

若是具清淨戒律之士，其足下踐踏的微塵，不僅總的世間君主會恭敬頂禮，分別之帝釋天、梵天等很多天眾，也會將其作為供養對境並以頭頂戴。如理了知善惡取捨的有智之士，為什麼不令圓滿戒律大士之美名的潔白飛幡，飄揚於天上、地上、地下三有界？非常值得弘揚。

西日訥瑪嘎，也即華智仁波切說：「何人足趾所踐塵，三界吉祥誠稀有。」具淨戒者腳下踩著的灰塵，會成為三有之吉祥。所以，僧眾腳下踩的灰塵非常清淨，對整個世間來說具有很大的功德和利益。

第十三課

第十四課

乙一（廣說善惡取捨之分類即讚頌一切善妙功德之基礎淨戒）分三：丙一、以取捨各自分類而真實讚戒；丙二、別分持戒之方法；丙三、與之相關語結文。

丙三（與之相關語結文）分四：丁一、無有修持無垢佛法者故欲求自利之理；丁二、然而教誡善緣所化者之理；丁三、以惡劣習氣所致難以守持聖者歡喜之淨戒之理；丁四、發願生生世世中持大聖者之行為淨戒。

以與《讚戒論》相關的語言作本論結文。

丁一、無有修持無垢佛法者故欲求自利之理：

當時可能有幾個人不聽話，革瑪旺波丹增諾吾說：佛陀的殊勝教法非常純潔、清淨，具有極大加持。但末法時代很多眾生的行為不如法，無論如何講法也得不到利益，不如去往寂靜的地方，以短暫的人生修持佛法、觀自己心的本面。

嗚呼多數如我隨魔轉，佛法作證雖說善妙法，

不喜視敵於此生厭離，故我歡喜獨自居靜處。

由於對末法時代眾生的行為實在看不慣，所以用「嗚呼」的感歎詞說：很多人已經像我一樣，被魔知識、魔友或其他魔緣所轉。我所說的這些法，以釋迦牟尼佛的智慧慈悲作證，可以說是一種善妙之法。為什麼呢？以前的高僧大德和諸佛菩薩們宣講的甚深道理，通過我的智慧為他

《讚戒論淺釋‧智者走向解脫之教言》講記

人傳播，在這個過程中，並未出現錯謬。

作者再三思維：現在很多隨魔轉的人不願聽我講的法，到底是他們過於剛強難化還是我的話有錯誤？經過再三思維，我講的法應該無有錯謬。

大家都知道，革瑪旺波丹增諾吾是華智仁波切的四大弟子[51]之一，他是講經說法最絕、最妙的。這一點，從丹增諾吾的傳記也可以看得出來，不論口才、教證、理證，從各方面來講都是最好的。所以，他以「佛法作證」，根本沒有講錯。很多人卻「不喜視敵」，不但不生歡喜心，反而將上師和佛法作為敵人對待……對這些眾生的言行舉止等行為生起很強烈的厭煩心。

當時華智仁波切的大弟子丹增諾吾，見到無論給這些眾生講多麼殊勝的佛法均不生歡喜心，甚至越聽越對上師不滿，進而生起邪見、毀謗，對這些人真是心生厭離。「故我歡喜獨自居靜處」，所以，他決定暫時去往一處誰也見不到的地方，獨自修行。在克珠格勒華桑一個教言裡也講到：現在的眾生越來越剛強難化，怎樣講經、怎樣對他們發慈悲心，也實在起不到什麼作用，對此生起極大厭煩心，還是到一個寂靜地方獨自修行吧！

現在的很多眾生，經常隨有形、無形的魔而轉，尤其有形的魔如惡友等，整天與這些不喜歡聞思修行的人打交

---

[51]華智仁波切四大弟子：見解最高的紐西龍多，講論最絕的鄔金丹增諾吾，因明最精通的嘎單迦巴，行為最如法的美納根讓秋扎。

道，自己的行為也很容易出現問題。這裡說，對此生起厭離心。怎樣生厭離心呢？革瑪旺波丹增諾吾說：以佛陀無有任何錯謬的正法作證，雖然引用了釋迦牟尼佛及諸聖者的教證，再加上自己的理證智慧，以及最寶貴的竅訣，以三周遍量宣說了清淨的經論和佛法，可是對這些愚癡熾盛之人沒有很大利益，不但不歡喜聽聞，反而生起極大嗔恨心並看作怨敵一樣。見到如此令人痛心的情景，真是讓人心生厭離，所以不希望與任何人交往，不需要考慮敬上護下，只想獨自一人居住在瑣事鮮少的寂靜之處。

從托嘎如意寶和革瑪旺波的造論手法來看，可能當時的很多人真是剛強難化，不願聞法，以此原因造成的。聞法是上師和弟子之間最主要的一個橋梁，不會有財產糾紛等其他事情，而使上師心生厭離。從托嘎如意寶下面引用的教證和革瑪旺波的語言可以看出，當時確實有很多弟子對聽聞佛法方面沒有信心，反而將上師看作怨恨的敵人一樣，可能以此原因才寫了這個偈頌。

托嘎如意寶引用了《呵責破戒經》的教證：「破戒比丘具十憂愁之苦，不享佛法美味，聽聞深法不願趣入，於深法不生勝解心，若聞無緣空性、無相、無願法門，則生恐怖、畏懼、極畏懼之心，不解如來密意，於說法比丘生嗔，不願見說法比丘。」破戒比丘具有十種憂愁痛苦，不願意享用佛法美味，不願意聽聞甚深之法而趣入。一般無緣空性、無相、無願稱為三解脫門。而破戒比丘聽聞此三

《讚戒論淺釋・智者走向解脫之教言》講記

解脫門，不但不生信心，反而會心生恐懼和畏懼，對於說法比丘也生起嗔恨心。佛經中已經講了，自己的見解、戒律若有破損，確實連說法比丘、金剛道友都不願意見……在學院的個別人還是比較精進，人也很穩重，所以我在這裡也不說什麼，可以有些特殊開許。

經中又說：「何為十過？舍利子，破戒比丘，於和合僧眾，心不喜樂，何以故？想比丘僧眾和合作長淨儀式之力可毀我之故，見已過後，常為疑惑之苦所迫並於具戒比丘亦生損惱心；舍利子，此乃破戒比丘第一過也……」如此共說了十種過失。破戒比丘具有哪十種過失呢？佛陀告訴舍利子，破戒比丘對和合僧眾心不歡喜。為什麼呢？他想：我與僧眾交往，僧眾會作長淨等羯磨儀式毀壞我、開除我。以這種邪見，對具戒比丘也會生嗔恨心、損惱心。如果清淨戒律、見修行皆與僧眾一致，一定會與僧眾和合……以上講了破戒比丘的第一過，佛經中共講了十種過失。

在革瑪旺波丹增諾吾的傳記裡也講過(52)，尊者一邊合掌一邊流淚，說：我所有的上師，在功德方面沒有任何差別，但從恩德方面來講，我的上師華智仁波切，可以說是三界無與倫比的一位上師。我覺得這與阿底峽尊者

---

(52)《鄔金丹增諾吾略傳》：他常對弟眾說：「從功德方面而言，我的所有上師均是得地的聖者，無絲毫差別；但從恩德來講，華智仁波切至高無上，三界之中無有與之相比的。」一邊說一邊湧出淚水，又說：「我如今無論閱讀任何顯密經論，知曉全能歸納為上師瑜伽及菩提心之中，這也是華智仁波切的鴻恩所致。」

的說法沒有差別。因此，革瑪旺波丹增諾吾他老人家相續中一定具有菩提心，他說：我現在所有的修法，能夠以菩提心和上師瑜伽來修持，這就是我的上師華智仁波切給我的特殊加持和特殊竅訣才獲得的。

在座諸位也應該像革瑪旺波丹增諾吾那樣，在清淨戒律的基礎上，以上師瑜伽和菩提心攝持自己的修行，這一點非常非常重要。就像《大圓滿前行》所講的[53]，具有菩提心則一切足夠，若無有則一切都成無用。

丁二、然而教誡善緣所化者之理：

然而如心慈愛二軌友，為守誓言之故勸我說，

破戒過患持戒之功德，是故隨意略言書此理。

但是全部放下來也有點困難，尤其個別在慈悲心和慈愛心、二軌方面非常精通的道友勸請，他們說：自己為了護持誓言，請寫一部有關破戒過患和持戒功德的論典。丹增諾吾本來不想造論，也不想攝受弟子，只想去往一個寂靜的地方獨自修行，後來依靠種種因緣，有些弟子在他面前勸請，還是寫下了《讚戒論》這部論典。

本來大圓滿修法中有捨棄九種事，也即不做任何事，只觀自己的心。但對這些高僧大德來說，不能捨棄有緣弟子，也是他的一種特點。所以頌詞中運用了轉折詞「然而」。

---

[53]《大圓滿前行引導文·發殊勝菩提心》：這樣的發菩提心已經完全概括了佛陀所宣說的八萬四千法門的精華，可以說是有則皆足、無則皆缺的教言，相當於是百病一藥的萬應丹。

《讚戒論淺釋·智者走向解脫之教言》講記

具足世間和出世間二軌之正士的法相，如同自己的眼目和心臟般慈愛的道友，勸請丹增諾吾：「為了『我』不偏守護一切清淨三學之誓言請造此論」。藏文中不是很明顯，但從意思上再三思維，可能是這樣的。當時具足一切功德的這些人，在尊者面前一直請求：我要守持清淨戒律，卻不了解大小乘的誓言，您能否造一部有關戒律之功德的論典？

托嘎如意寶對此解釋：勸者雖說是為了自己，實際肯定是為後代的諸位學者祈請轉法輪。所謂的轉法輪，以前羅珠江措翻譯的紐西堪布的《大圓滿傳承源流》，裡面說是「轉動法輪」，他可能認為像水車一樣，一個大大的輪子轉動……這位勸請者實際是為了後代所化眾生守護誓言才出言勸請的，因為他與往昔印藏出世的聖者高僧大德無二無別，對所守護之誓言，如同刻在石上的花紋一般，不可能捨棄。然而，他在勸請革瑪旺波造此論時說：「您應當造一部宣說破戒者今生來世感受痛苦不樂意等之過患，以及讚歎自相續如理如是受持殊勝戒律、學處者，自然成辦自他二利功德之論典。」

對於這些勸請者真是非常感謝，如果當時他們未勸請，革瑪旺波丹增諾吾相續中的很多智慧寶藏，不一定寫在文字上。以前上師如意寶座下有個叫達兒吉瑪，現在上師的很多著作都是他勸請的。當時如果未勸請，上師不一定會掏出他的智慧，如同鼓槌未擊打鼓則不會發出聲音一

樣。因此，祈請造論也可以是一種祈請轉法輪。

依靠這個因緣，作者心中自然顯現的智慧，其內容雖然極其廣泛，但捨棄一切戲論言詞，隨意以金剛歌形式的簡略言詞，撰寫了此處宣講的這些道理。

造論實際是聖者的行為，龍猛菩薩說：「智者不應多許諾，倘若親口應允後，則如石上刻花紋，死亦不會有轉變。」智者一般不會輕易承諾，只要有一個承諾，就像刻在石頭上的文字一樣，死也不會改變。

與月稱論師辯論七年的匝那貢瑪阿闍黎(54)也說：「智者三種事業中，講辯二者不一定，是故造論不可迷。」智者有講辯著三種事業，其中講論和辯論二者不一定特別準確。因為在講法過程中，為了使弟子理解經論的意義，會從方方面面宣講各種比喻，除講經非常絕妙的人，出現一些漏洞、不符合道理的語言也很有可能。在辯論的時候，為了獲勝會說各種各樣的比喻，語言也不一定完全正確。如果是造論，上師自己應反反覆覆在文字上斟酌。所以，造論不可迷，講辯時還是會有一些迷處，不一定十全十美。

上師如意寶也經常這樣講：我們造論的時候一定要注意。所以上師說的話經常不讓錄，就是因為講法過程中必定會有些漏洞。我們有時候記錄上師的教言，對於個別不確定的地方，如果上師健在，應該去確定一下：

(54)也即旃扎古昧論師。

「您老人家講經的時候是這樣說的，但我覺得您這種說法不合理，要不要改一下？」上師考慮半天：「噢，對對對，我那天說錯了，當時可能有點打瞌睡……」講經和辯論時說的話不一定很正確，但落在文字上時一定不能有錯誤。你們不管現在還是今後，在將上師講的教言整理成文字時，一定要反反覆覆校對，因為這些文字會流傳幾千幾百年。以前佛陀上師說法，弟子馬上就能記住，但現在非常可怕，一次說錯以後，被錄音或者做成光盤，可能幾百年以後都會聽到……一般來講，有些上師根據他的竅訣和體驗來講，不會有很大錯誤，但下面的弟子在文字上整理時，可能會有一點出入。

丁三、以惡劣習氣所致難以守持聖者歡喜之淨戒之理：

以前世業力所致，很難守護聖者所歡喜的戒律。

然如我等往昔業所感，縱未違犯圓支根本罪，

未守令聖歡喜之淨戒，放逸貪心累世之惡習。

像我這樣的人，無始以來的習氣非常嚴重，雖未違犯過所有支分圓滿的根本罪，但因自己非常放逸，以及貪心等往昔的習氣、惡業所致，即生未能好好守護聖者所歡喜之戒律。

這一方面是作者謙虛的語言，一方面也說明了末法時代眾生的現狀，真正支分圓滿的根本戒雖然沒有違犯，其他小的戒律卻很難完全守護清淨。革瑪旺波說：

像我這樣的人，為大家宣講教言非常困難，原因上面已經說了。儘管諸佛菩薩要求，不應毀壞學處，一定要遵守三種戒律，然而這種法器極為難得。

托嘎如意寶在這裡對革瑪旺波丹增諾吾大加讚歎。托嘎如意寶的傳記，在紐西堪布的《大圓滿傳承源流》裡面可能有一點，以前我在上師如意寶面前也親自問過⑤：托嘎如意寶19歲在堪布雲丹嘉措⑥前受沙彌戒，24歲受比丘戒。革瑪旺波丹增諾吾也是托嘎如意寶他老人家的上師。

因為隱藏功德是智者的行為，革瑪旺波雖然是守持戒律非常清淨的一位大德，但他以謙虛的語言說：我及如我一樣的此等眾生，由於往昔所積的福德善業所感，已經獲得了現在這種善妙的人身，縱然未曾違犯圓滿具足基、意樂、加行、究竟墮罪支分的根本墮罪⑤，卻也未曾守護過無勤即能謹護根門的聖者所歡喜之清淨戒律。原因是什麼呢？尊者很謙虛地說：即生中自己過於放逸，貪著五欲外境之心放蕩不羈。雖然自己很願意守護清淨戒律，連一個支分也不受雜染，但以多生累劫相續中存留的惡劣習氣所引發，實在無法守護而違犯了很多細微戒律。

此處間接教誡後學者：即生中盡心盡力守持諸佛菩薩歡喜的戒律，這一點非常重要。而要守護清淨戒律，首先應盡量懺悔、淨除往昔的習氣，否則，會像種子存

⑤詳見《托嘎如意寶傳記》。
⑥《三戒論》的作者，經常稱之為雲嘎堪布，他的弟子是白玉堪布，白玉堪
⑤真正違犯四種根本戒的界限，必須具足基、意樂、加行、究竟四種支分。

在自然而然會生出果實一樣。

經中說：「知佛法僧後，生起誠信心，獲聖喜戒律。」了知三寶以後，對佛法生起誠摯的信心而守持清淨戒律，這是諸佛菩薩最歡喜的事情。《寶性論》云：「欲證無上菩提智者數劫中，身語意無勤作而持無垢戒。」《寶性論》的譯本，有七個字、九個字，還有更長的。現在藏文引用《寶性論》的教證，有時候個別詞句在藏文本中也找不到，這種現象經常存在。這裡說：想要證得無上菩提的智者，在數劫中身語意無勤守持清淨戒律。因為到一定時候，比如得一地菩薩時，相續中的戒律自然而然於無勤中便能守護。又《俱舍論》云：「若見三諦得法戒。」

丁四、發願生生世世中持大聖者之行為淨戒：
嗚呼佛法珍寶善聚本，圓滿淨戒大聖之行為，
福德者得淨戒如意寶，發願生生世世守淨戒。

嗚呼，末法時代的眾生很可憐哪！本來佛法珍寶可以積聚一切善法之根本，此清淨戒律也是大聖者的一種行為，唯有具福德之人才能得到戒律如意寶，所以大家應發願：生生世世守護清淨戒律。

末法時代的眾生不能辨別黃金與牛糞的勝劣，對於與此相同不辨輪涅之過患與功德者，生起一種哀傷之情，頌詞中再次運用感歎詞「嗚呼」。

在釋迦牟尼佛的教法中，所謂的戒律是一切功德之

根本，非常珍貴，就像如意寶一般，只有真正見道以上才能守護無漏的戒律，這也是大聖者之行為。只有多生累劫積累資糧，即生才有機會受持別解脫戒、菩薩戒、密乘戒這三乘的戒律。一般無有福報者只能受一個別解脫戒，中等福報者只能受別解脫戒和菩薩戒，真正具有大福報者才可以受這三種戒律。放眼看一看當今世界，有些人只在相續中受一個別解脫戒就心滿意足；有些人可能只受了菩薩戒，對別解脫戒非常不重視；有些人對密乘戒也不重視……有各種各樣的情況。總而言之，我想我們遇到藏傳佛教真的很幸運，可以在相續中受持三乘戒律。

所以，應當不止一次而是反反覆覆發願：從今乃至未得菩提之間，生生世世不投生於過富或過貧之家，而生於中等之家，並獲得守持不染細微過患垢塵之清淨戒律具八閒暇十圓滿之人身。太富裕的話，家產等對修行有一定障礙；太貧窮的話，吃的也沒有、穿的也沒有，天天欠債很痛苦。有這樣的一個偈子：「不生過富家，不轉貧窮家，唯生中等家，恆常得出家。」在受戒或者長淨儀式作完的時候，經常會有這樣的願詞。

一切經論中都宣說過：盡力發願持戒極為重要。並且有眾多這方面的願詞。如頌云：「具足無垢戒，受持清淨戒，持無慢心戒，願戒度圓滿。」又云：「我為菩提修行時，一切趣中成宿命，常得出家修淨戒，無垢無

破無穿漏。」《七童女傳記經》中說：「剃髮出家後，身披糞掃衣，前往寂靜處，何時如是行，唯視一木軛，手持土缽盂，無親一戶戶，何時行乞食。」以前是出家人身披糞掃衣，現在好像很多在家人披糞掃衣。現在學院條件還是很不錯，好多衣服稍微舊一點就扔掉了，扔到山谷下面的時候，洛若一帶的在家人經常去撿回來穿上……現在可能顛倒了吧。他這裡發願：剃髮出家以後身穿糞掃衣，前往寂靜之處，無論何時僅目視前方一木軛許，手中持執缽盂，無有真正自己的家。所以，傳染病流行的時候不用給家裡打電話，自己在寂靜地方，拿一個缽盂就可以，不用天天特別關心。當然關心也可以，但眾生業力現前的時候，關心也不一定起到很大作用。我們只要穿著一件糞掃衣，自己像一個乞丐一樣化緣度日就可以了。

現在很多在家人都穿糞掃衣，我們一到色達，那些在家的乞丐多得不得了，我們可以發願：何時變成一個這樣的乞丐。以前釋迦牟尼佛時代的出家人真是非常清淨，現在很多寂靜地方的修行人也很清淨，大家應該發願生生世世以這種方式度過。就像《入菩薩行論》和《普賢行願品》中的發願一樣，經常這樣發願很重要。

第十五課

乙二（勸修一切二障垢染之真實對治法）分二：丙一、修禪定之諸因；丙二、觀修正行。

丙一（修禪定之諸因）分二：丁一、主要思維靜處功德而捨棄俗世；丁二、思維閒暇人身難得易滅故捨分別念。

丁一（主要思維靜處功德而捨棄俗世）分二：戊一、總說靜處功德；戊二、分說功德殊勝。

清淨戒律以後應修持禪定，而修持禪定唯一的條件，就是前往一個寂靜的地方。寂靜處有很多功德，《入菩薩行論·靜慮品》、無垢光尊者的《大圓滿心性休息大車疏》中講靜慮度的時候，對這方面講得非常廣。此處只是簡單敍述一下，修學人一定要依止寂靜處，才能獲得真正的修行利益。

戊一、總說靜處功德：

阿吙忠誠可愛友請聽，上有無人寂靜之神山，

前輩祖師大德修習處，嚮往獨自喜處常修行。

一般藏傳佛教的大德，經常用「嗚呼、阿吙」等語氣感歎詞，以一種詩學方式造頌詞。

阿吙！忠誠可愛的親友們，希望你們好好聽我說：上方有無人擾亂的寂靜神山，它是前輩高僧大德尤其噶當派的高僧大德們，終生依止最後獲得成就之處。在漢傳佛教中，也有很多禪宗祖師居住並獲得成就的寂靜神山。對於

這些前輩祖師大德們修行、加持過的地方，我們應生起嚮往之心，獨自前往這種令人生喜之處，終生修持正法。

作為修行人，這是必不可少的。一個人住在城市裡，想完成自己的修行，除了真正大菩薩化現以外，其他凡夫人很難做得到。很多人可能首先想「我在城市裡也要好好修行」，實際每天都被數不清的瑣事纏繞，自己的修行根本無法成辦。甚至有些特別忙碌的寺院，每天賣門票或者接待各種各樣的人，在這種散亂的地方，就連一天的講經說法也沒有，與在家人只是形象不同，其他沒有很大差別，想獲得成就或者修持聖法非常困難。

因此這裡說：忠誠的親友們請認真諦聽，上方有無人的寂靜之地，我們要不要前往那裡修行呢？可能當時革瑪旺波所在的寺院上方有一個寂靜的地方，所以尊者運用了這樣一種語氣。

很多前世依止過寂靜處的人，到了此處自然而然會生起歡喜心；前世一直在鬧市的話，到了城市裡，也會對城市生起歡喜心。有些修行人到了喇榮，無論如何都不想離開。就像菩提心的生起有兩種，一種是依靠助緣使菩提心得以增長，一種是俱生的智慧甦醒。很多人長時間依靠煩惱習氣迷惑自相續，現在依靠寂靜處等外緣，菩提心的善根開始甦醒。所以，對寂靜的地方生起歡喜心，也可以說是菩提心甦醒的一種象徵。

因為作者對如海學處源泉的寂靜聖地生起了極大歡

喜心，在見到如此寂靜的地方時，心中生起「此處特別殊勝、特別寂靜」的感歎，所以，用語氣詞「阿吷」來抒發這種歡喜雀躍之情。

「忠誠可愛友」，即從忠誠、可愛、道友三方面來講。「外」即乃至菩提果之間，所有金剛道友永遠不分開，此為忠誠；從「內」而言，一同獲得佛果而稱為可愛；「秘密」而言，在佛的密意界中，所有眾生在本性上無有高低貧賤等差別，叫做道友。平時從字面理解，也可以淺顯地認為：忠誠就是忠厚可愛的人。忠誠可愛、關係特別好的道友們哪，我們是不是應該前往寂靜之處修行？

實際上，這是革瑪旺波對未來我們的一種稱呼，尤其沉溺在輪迴當中喧譁大城市裡的這些人，你們應該甦醒過來，上方有高僧大德諸佛菩薩加持過的寂靜地方，你們應該去那裡求學。托嘎如意寶就內外密三個方面來解釋，字面上也看不出來，但意思應該這樣解釋。

我們應該離開難以擺脫輪迴之大家庭⑱及小家庭⑲，前往上方寂靜神山，在那裡唯以鳥獸為伴、無有世人、外離憒鬧、內離分別念，是真正的寂靜處。

但有些人到了寂靜地方，分別念非常多。你們很多人說：「我的分別念特別多，怎麼辦哪？」分別念多其實沒什麼大的危害。在分別念未消於法界之前稱為凡夫地，正因為

⑱大家庭即世間家庭。
⑲雖已修學，卻於自相續無有壓制煩惱、聞思修行等，這種散亂處即為小家庭。

分別念多才需要修學。沒有一點分別念，要麼變成石頭一樣的無情法，要麼已經成就了。有些人對佛法的道理可能不太懂，稍微起一點分別念就認為：我現在修行不好，怎麼辦哪？他自認為佛教徒不應該起任何分別念，整天在一種如如不動的境界中度過……但這不一定是真正的修行人。有些人性格就是這樣，很喜歡什麼都不想地坐下來，舒舒服服打兩個小時坐，出定以後，覺得「我修行很好，你看我打坐怎麼樣啊」，在別人面前顯擺一番。實際上，這到底是不是修行也不好說，真正有上師的竅訣，能斷除煩惱的根本，是修行；只是什麼都不想地坐著，那無色界眾生可以安住五千劫行人。有些人性格就是這樣，很喜歡什麼都不想地坐下來，舒舒服服打兩個小時坐，出定以後，覺得「我修行很好，你看我打坐怎麼樣啊」，在別人面前顯擺一番。實際上，這到底是不是修行也不好說，真正有上師的竅訣，能斷除煩惱的根本，是修行；只是什麼都不想地坐著，那無色界眾生可以安住五千劫行人。有些人性格就是這樣，很喜歡什麼都不想地坐下來，舒舒服服打兩個小時坐，出定以後，覺得「我修行很好，你看我打坐怎麼樣啊」，在別人面前顯擺一番。實際上，這到底是不是修行也不好說，真正有上師的竅訣，能斷除煩惱的根本，是修行；只是什麼都不想地坐著，那無色界眾生可以安住五千劫⑩，這不一定是很好的修行。所以說，有些人修行以後一定要斷除分別念，不然就是修行不

⑩《俱舍論》當中也有安住八萬四千劫等不同說法。

好，沒有必要這樣痛苦。有分別念也沒什麼，分別念生起時認識它的本性，經常觀察自己的分別念到底是什麼樣？真正認識到貪嗔癡等分別念的本體，依此可以產生很多的智慧和善根。

這些岩洞、空谷森林等，是我等怙主前輩祖師佛、佛子持明上師高僧大德們居住修習的地方。現在這個喇榮山溝，是法王如意寶以及諸多僧眾加持過，以前敦珠法王等很多高僧大德也親自加持過的地方。這些寂靜處，諸上師、空行、護法神，在有形無形中全部作過加持，加持力非常大。蓮花生大士在《密咒寶鬘論》中說⑥：以前高僧大德修持過的地方，不容易遭受違緣，有一種特別的加持。在這種地方很容易生起證悟驗相功德，也可以迅速獲得前輩傳承上師的加持，不會被失毀戒律之障礙以及爭論等雜染。

因此，有時候人可以加持神山，比如某地以前不是很殊勝，但某高僧大德前往此處，通過高僧大德的加持力變成吉祥；有時候神山可以加持人的相續，比如我到了這個寂靜地方，寂靜處的加持力融入我的相續，從此以後，對佛法生起信心。我想我們這個喇榮山谷，一方面是上師的威力和加持，另一方面，這座神山的確具有不可思議的加持。不管什麼身分的人，甚至野蠻的人、從來不信仰佛教的人，到了這

《讚戒論淺釋‧智者走向解脫之教言》講記

---

⑥蓮花生大士也講過：「在別的地方待一百年，不如在我加持的地方住一晚。」蓮花生大士的《密咒寶鬘論》還引用《時輪金剛》的教證說：「看風水雖然是一種著相，但二取執著沒有消於法界之前，修行還是離不開風水。」

裡以後，好像家庭、生活等全部都忘記了，不想離開。這就是神山加持補特伽羅相續而撐起佛法，自己也可以撐起專心致志修行之勝幢。而且在這裡，不會有邊地外道的危害，全部是同行道友、修持佛法者，也沒有其他見行不同的人。所有金剛道友都拿著念珠，自己一個人不拿念珠也會不好意思，以其他見修行果根本無法在這裡居住下去。

聽到有如此善妙的寂靜之處，必定會十分嚮往，並發願：自己的親朋好友、飲食、受用，以及建築、財物等，大大小小的事情全部願意捨棄，唯一行持後世安樂的永久大計，恆常護持自然本智無改之實相，深入思維、精進修行法義。如同少女的手鐲只有一個般，無有其他人，只是獨自一人精進修持。但一般女眾出家人，釋迦牟尼佛規定，一定要與其他同行道友共同修行。

經中云：「眾人成爭論，二人將閒聊，如少女手鐲，獨自住靜處。」很多人自不用說，會成為爭論之因，兩個人也是經常談笑風生，這對修行有一定的障礙，一般來說，一個人最好。有些教證說[62]：兩個人可以成為修行的善緣，三個人成為散亂之因。又《月燈經》云：「捨棄歡喜之城邑，恆時依止靜林中，猶如犀牛常獨處，不久將獲勝禪定。」應像犀牛一樣，獨自安住在山林之中，以此將來會獲得禪定等殊勝境界。

---

[62] 如米拉日巴尊者的大弟子寂光大師說：獨自一人修佛果，道友二人修善緣，三四以上貪嗔因，故我獨自而安住。

其實很多初學者有很多問題、矛盾，尤其看書少的修行人，問題特別特別多。希望問題多的這些人一定要看書，你翻閱二十多本書以後，很多問題自然而然可以解決。剛開始修學佛法的時候，這樣修可不可以？這樣做可不可以？有很多的矛盾和問題出現在你面前。希望你們多翻閱前輩高僧大德的教言、傳記，這樣以後，原來的問題和心裡面的懷疑會消除的。因為在諸佛菩薩、高僧大德們的論典當中，針對眾生的分別念和疑惑，全部作出了回答，只不過很多人不喜歡看。尤其剛學佛、剛出家、剛開始修持藏傳佛教的這些人，問題可多了。其實這些問題，在很多書裡面已經反反覆覆講過，所以自己平時經常看一看這些書還是非常重要的。

戊二、分說功德殊勝：

此處無諸惡人之騷擾，何況強烈貪嗔之劣境，

禪定自增勝境森林中，發願何時能住此靜處。

在寂靜處無有野蠻人的騷擾，更何況貪心、嗔心的對境。在大城市等其他地方，不僅有盜竊等很多野蠻人的危害，也有很多生貪心、生嗔恨心的對境，造惡業的方法也是非常多。但在寂靜的地方，確實沒有這方面的惡緣，自己的修行和禪定自然而然會增上，因此我們應該發願何時能安住於如此寂靜之處。

搶劫偷盜、違法亂紀、製造噪音等，以及各種惡人來來往往攀談閒聊等騷擾，在寂靜處根本無有，更何況

185

怨敵、女人等強烈貪嗔之惡緣劣境呢？真正的寂靜地方，不會像世間一樣混亂。在世間上，如果像學院一樣住著這麼多人，那整天都有解決不完的事情，但在寂靜的地方不會有這些。雖然一開始會生起諸多分別念，但也像船上烏鴉飛起一般⑥，由於無有散亂之緣，這種禪定境界自然而然會日日增上。在這種舒心悅意的環境中，白天無人往來，夜晚無有怨敵的伺機損惱。因此，我們應該發願：義無反顧地拋棄家庭、未來生計等，什麼時候能安住於如此寂靜之處，該多好啊！

《入行論》云：「林中鳥獸樹，不出刺耳音，伴彼心常樂，何時共安居？」在這種寂靜地方非常快樂，不會有痛苦的、刺耳的叫聲，何時若能安住於如此寂靜的地方，心專注於法，其他任何事情都不重要。

丁二、思維閒暇人身難得易滅故捨分別念：

應思維人身非常難得且不會長久。

雖獲暇滿難得珍寶身，剎那無常死主來迎接，

當斷種種散亂財束縛，何時住於悅意寂靜處。

雖然已經獲得了非常難得的暇滿人身，但剎那都是無常的，人也會在特別快的時間中死去。比如正在坐車，沒三分鐘就離開人間，也有這種現象。人間隨時隨地都有很多死緣，不僅瘟疫，只要死緣具足，死亡非常簡單——

第十五課

⑥船上烏鴉應該指鴿子。在佛的傳記還有大圓滿中經常有這種比喻，意思是說，修行到一定程度，雖然會起現分別念，但可以很快恢復到原來的禪定境界中。

突然得一個病，或者晚上睡覺時早上醒不過來，剎那無常的死主不知何時便會前來迎接。所以，現在應該斷除各種各樣修行中的散亂，以及積累財產等束縛之因，何時能住於寂靜處該多好！我想，在座的所有金剛道友現在已經住在這種寂靜地方，真的應該心生歡喜。

以前上師如意寶講《彌勒請問經》時講過，講《讚戒論》時也講過，使修行遭受違緣就是不寂靜的地方；若修行不遭受違緣，自己的智慧越來越增上，雖然人很多，也是寂靜的地方。《札嘎山法》當中也有這種象徵性的語言。

現在很多大城市裡的人，一直想：我什麼時候能到寂靜的地方安住？卻一直無法脫離家庭、單位、工作等，事情特別多，想要拋開這一切非常困難。在座的道友已經來到這裡，大多數人完全捨棄了世間一切瑣事，尤其出家以後一定會捨棄，因為形象改變了以後，再回到城市裡面不太受歡迎，自己也不得不住在寂靜地方。但是有了頭髮的話，回去以後還是很難說的，所以出家是最好的。不然，兩三天可能比較注意，過幾天就與世間人的行為完全相同了，這樣能不能修行圓滿也不知道。

雖然已經獲得了八閒暇十圓滿之人身，但從因緣、比喻、數目方面來思維，均可了知其極為難得。法王如意寶在《文殊靜修大圓滿》最開頭也是這樣講的。從因緣方面，想要得一個人身，需要積累資糧、布施、廣行六波羅蜜多等；從數目方面，人的數目就像白天的星

《讚戒論淺釋・智者走向解脫之教言》講記

星，惡趣眾生就像晚上的星星；從比喻方面，就像牆壁上撒豌豆一樣難以存留等，《涅槃經》當中講了很多類似的比喻。《大圓滿前行引導文》中也有「此身行善即是解脫舟，此身造惡便是輪迴錨」等說法。

總的來說，一切有為法皆是無常之自性，尤其人生壽命空而無實，如同閃電及陡坡水流般，剎那難以住留，都是無常毀滅之法。比如夏天的蚊子，最多存活兩三個月，到了秋天，一隻蚊子也不會有，就好像梵天看見現在活在世間的人們，也是壽命非常短暫。但很多人根本沒有生起無常之心，這樣的話修法不可能成功。

我前段時間也講了，《札嘎山法》和《大圓滿前行》裡有關無常的道理，你們能不能再三地看一看？因為相續中未生起無常觀之前，肯定修不好，只有生起無常心才會真正看破世間。

所以，保養身體無有任何實義。死主閻羅王於呼吸間便會前來迎接你，對此應當反反覆覆思維，以四種厭世心⑥等對治力，斷除魔障惡友等種種外緣，及散亂自性的財富受用等束縛之繩，應時時刻刻發願，若能住於如此舒心悅意的寂靜神山、空谷岩洞處該多好！

如《無常語》說：「如斷源水池，無增唯減少，眾亦入死道，誰信驟然壽？」如同切斷水源之水池，每天唯有減少而不會增加，同樣，眾生已經趨入死亡之路，誰能相信現在驟然的生命？就像閃電或水泡一樣，絲毫實質也無有。

第十五課

我昨前天寫《藏密素食觀》，寫到最後，心裡想：現在我活在人間依靠這種肉體來寫，但這個肉體不會存留很長時間。一旦肉體不存在了以後，這本書還會留在人間。依靠這本書，可能會讓很多人不去殺害眾生，在吃素方面應該可以作一點勸請……在後面也發了一個願，方便的時候你們可以看一看⑥。

　　《解憂書》云：「地上或天間，有生然不死，此事汝豈見？豈聞或生疑？」這個教證在《大圓滿前行》裡也引用過。在這個世間上，生而不死的事情你聽說過嗎？對此你會有什麼懷疑呢？不必懷疑。有生必定會死，所謂的死亡也會在很快時間當中來臨。所以，有瘟疫病、沒有瘟疫病，對個人來講無有任何差別，反正在很快的時間中就會死亡。這沒有什麼可怕的，怕也是無可奈何。在死亡來臨之前，自己應該修一點法尤其要修一點菩提心，這一點非常重要。

　　《律根本頌》中說⑥：在臨終時，若不能以身語作懺悔，心中也一定要觀想：我所造的一切罪業全部懺悔。如果有這個念頭，也能懺淨自己一輩子所造的罪業。上師如意寶1986年講《律根本頌》的時候，要求我們背誦這句話。也就是說，對即生所造的惡業，在臨死之前應盡量懺悔；假設未來得及懺悔，在臨死時，雖然以身體

---

⑥四種厭世心：人身難得、壽命無常、輪迴痛苦、因果不虛。
⑥詳見《妙法寶庫‧喚醒迷夢》。

和語言實在無法去懺悔，心裡也應該觀想：我要懺悔即生所造的一切罪業。因為臨死的意念非常強烈，依靠這種觀想，自己一生所造的所有罪業全部得以清淨。堪布雲丹嘉措造的《三戒論釋》中也引用過這段話。

《入行論》亦云：「迫及眾親友，傷痛及哀泣，四人捎吾體，屆時赴寒林。」在我未被四人抬往屍陀林之前，自己前往喇榮去離開人世就可以了，不然，親人朋友們在我臨死時將我抬走也很困難……現在各個地方都有不同的規矩，死的時候很困難，乾脆先到喇榮去，有疾病無疾病都無所謂，反正人都會死。

丙二（觀修正行）分三：丁一、生起一切解脫道之首出離心；丁二、對佛子共同之聖道菩提心生起歡喜；丁三、宣說修持捷徑果乘密道之理。

丁一、生起一切解脫道之首出離心：

相續中生起菩提心、出離心非常重要，在臨死之前，一定要在相續中生起來，大家要反反覆覆觀想。這方面與自己前世的因緣有一定關係，但釋迦牟尼佛的八萬四千法門，就是要修自己的心。對於修心，上師如意寶說：有些人認為根本修不來。其實沒什麼修不來的，守護別解脫的一分清淨戒律，隨時隨地保持一顆善良的心，這些都是修行。如果一直見到別人缺點，菩提心肯定修不好。無論如何，見到他人痛苦，希望他能遠離這

⑥《律根本頌》：最終若有氣無力，則觀想與做相同。

種痛苦；見到他人快樂，發自內心隨喜。讓自己的心盡量改變，多念一些咒語，多做一些善事，這就是修行。白天晚上都是以這種方式度過，活得也會很有意義。

有些人認為：修行的時候，明點不會觀怎麼辦？與菩提心相比，觀明點是非常小的事情，不會觀風脈明點也不要緊，最主要是出離心、菩提心，以前在相續中未生起的話，一定要生起來，這是非常重要的。有些人說：大圓滿修不來……。尤其剛初學的人，特別想修所謂的大圓滿。大圓滿的確很重要，自相續若能真正生起大圓滿的自然覺性當然很好，但最主要的是菩提心和出離心，每個人都應該想盡辦法，在自相續中生起來，這一點非常重要。

世間散漫顯現暫時樂，黑白因果乃為無欺理，

見此三有六城皆痛苦，何時能生無偽出離心。

整個世間散漫的顯現，暫時似乎有一點樂受，實際不會長久，一切黑白因果無有欺惑，必定是善有善果、惡有惡果。這種三世因果，在輪迴未空之前不會滅盡，應該見到此三界輪迴皆是痛苦的。

大家應該思維：現在世間的親友、房屋、經商、飲食等一切瑣事，全部是散漫放逸的顯現，幼稚無知的凡夫人心前，一切暫時的安樂只是剎那存在而已，若以執著心去享受，就如同食用毒藥一般，了知此理後不應再去貪執。我們應該明白，後世的痛苦與安樂，依靠何種因緣才能產生呢？即十不善黑業、十善白業。對於輪迴

《讚戒論淺釋‧智者走向解脫之教言》講記

存在、因果存在這一道理應生起誠信，這就是所謂的世間正見。造作惡業的所有眾生，不論生於三有六道任何一處，所感受的都是痛苦，見到這一情景，但願有朝一日在自相續中生起真實無偽的出離心。

　　每一位出家人和修行人皆應觀察自相續，是否真實生起了「從整個輪迴中一定要獲得解脫」的心態？如果沒有，那只是名相上的出家人和修行人。學習密宗的人也是如此，必須在菩提心和出離心的基礎上修持，尤其《大圓滿前行》當中，華智仁波切對有關菩提心的道理講得非常深，希望大家應該經常看一看。

　　《三摩地王經》云：「誰捨猶如火炭坑，亦棄所愛子與妻，以恐怖心而出家，不難獲得勝菩提。」誰能真正捨棄如同火坑般的妻子、兒子等，以恐怖心而出家，這種人獲得菩提不會困難。又云：「何人數俱胝劫中，承侍恆河沙數佛，不如生起出離心，真正出家更殊勝。」若有誰於恆河沙劫承侍恆河沙數佛，其功德也不如生起出離心而真正出家的功德殊勝，因此，生起出離心很重要。

　　確確實實，大圓滿的甚深教言觀不來也沒關係，主要是能不能觀出離心和菩提心？你在一天當中，哪怕只是一剎那觀想菩提心和出離心，也可以稱為一個好修行人。大持明者班瑪班扎說：「見由無明業惑所產生，三界猶如熾燃之火坑，以出離心持一解脫戒，功德之本乃第一要道。」

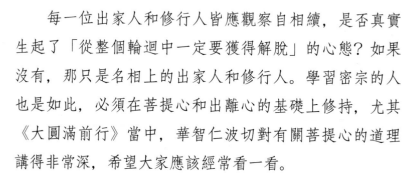

第十五課

第十六課

　　下面繼續講《讚戒論淺釋·智者走向解脫之教言》。前面已經講了出離心的重要性，不管什麼樣的修行人，首先在自相續生起出離心至關重要。所以，大家應詳查細審自己的相續，看看到底有沒有生起出離心？不管居士還是出家人，都是真正釋迦牟尼佛的追隨者，也是修習密宗者，那在自相續中，對人間、地獄乃至天界，對整個輪迴有沒有生起一種厭離心？有沒有一種強烈的欲求解脫的渴望心？這些問題比較關鍵。

　　當然，我自己是一個形象的修行人，對大家這樣說非常不好意思，所謂的出離心、菩提心、密乘清淨平等的心，從我本人來講是沒有的。但我對這方面有一定的興趣，相當於賣貨的貧窮者一樣，多年以來對所賣的貨物比較熟悉，自己雖然前世的福報不夠，沒有財產、非常貧窮，但對貨物的價值非常熟悉。我講經說法已經將近二十年了，也翻譯了不少論典，佛法中哪些價值最高？哪些是修行人最起碼應該了知的基礎？對這些方面，我本人還是稍微懂一點，但出離心、菩提心或者其他境界，在我相續中非常鮮少。所以，一方面非常不好意思，另一方面，就像貧窮的賣貨者一樣，「這是非常殊勝的，只要你有信心的『人民幣』，我可以賣給你們，這是傳承上師的『大老闆』叫我賣的，來源非常清

《讚戒論淺釋·智者走向解脫之教言》講記

淨，肯定不是假的，如果是假的你可以來退⋯⋯」，像這樣以一個「售貨員」的方式，給你們提供這些無上至寶，我覺得應該可以。

希望大家在每天聽法的過程中，自己能有所收穫。不要把聽課當作完成任務一樣，就像有些單位或者世間打工的人，只要每天報個到、完成一個任務，自己心裡沒什麼目的，這樣不是很好。每天聽一堂課，都應該有一點收穫，哪怕一瞬間的收穫，也會對自己的今生來世有利。我們每個人來到這裡就是想要求學、獲得一點知識，如果沒有這種嚮往心，住在這裡也沒有很大價值。因為這裡作為外緣的很多條件，不是生存的因，不管氣候還是生活方面，其他寺院可能比較好。因此，很多人的智慧還是不錯的，這方面應該考慮過。作為一個人不能像犛牛一樣，對自己的所作所為，事前應該有所準備和思維，這一點比較重要。

丁二（對佛子共同之聖道菩提心生起歡喜）分二：戊一、聯繫因果竅訣圓滿意樂加行之真實發心；戊二、圓滿前行修心及共同修學二資學處。

戊一、聯繫因果竅訣圓滿意樂加行之真實發心：

這是傳承上師們一個非常重要的竅訣。所謂的菩提心，不僅心要發菩提心，行為上也要具足菩提心。大家口頭上都已經發過菩提心，上師如意寶每天講課前，都叫我們發心，自己若未好好行持，就已經欺騙了諸佛菩

薩。《入菩薩行論》的講義和《三戒論》等很多論典中說：若未如理如實行持，已經欺騙了諸佛菩薩。我們每天都念：我在乃至菩提果之間利益一切眾生。但在遇到眾生時，全部看成自己怨恨的敵人一樣，怒目相視。這種行為，表明菩提心在自相續一點一滴也未生起來，不算是大乘修行人。

下面講菩提心的重要性。

無始以恩養育諸有情，皆為大慈大悲之對境，
意行圓滿珍寶菩提心，其恆生起敬心真歡喜。

無始以來養育我們、具有非常大恩德的這些眾生，實際全部是生起大慈大悲心的對境。不管顯現上對你好或者不好，凡是有生命的眾生，小至螞蟻以上、大至梵天王以下，所有大大小小的眾生，都是我們生起大慈大悲心的對境。

「意行圓滿珍寶菩提心」，意指意樂。所謂的願菩提心，在行菩提心正在行持時也不能離開，就像去拉薩的途中不能離開去往拉薩的心一樣，行為和意樂必須圓滿。有些人的願望和行為相脫離，行為似乎已經具足了——我是利益眾生、發菩提心的，已經辦好證書了；心上一直對某某眾生好得不得了、對某某眾生恨得不得了，這根本不是菩提心。

所以，意行圓滿珍寶菩提心，應該在自相續中恆時生起，並對菩提心和宣說菩提心的善知識生起恭敬之

心。假設相續中真能生起菩提心，這是多麼歡喜的事啊！我們有時候得到一件新衣服：「今天這件衣服特別適合我，聽說價值也很高，兩三百……」這個時候很多人很高興，但與菩提心的價值比起來，只是一種有漏的財產，沒有任何價值。

按理來說，佛陀無法照見之法是不存在的，這裡運用假設的方式：輪迴無邊無際，不要說聲聞緣覺和普通人，甚至佛陀的無二智慧，對輪迴中以大恩養育過我們的有情，也無可衡量。佛陀在經中說：大地做成丸子，我輕而易舉可以數清，但眾生作過自己父母的次數，以我之智慧也無法衡量。所以，佛陀的無二智慧也無法照見、無法授記，從無始以來、不止一次而是反覆養育我們的有情的數量。作為人而言，每一個父母都是好的飲食先給我吃、好的衣服先給我穿，極為慈愛、倍加關懷。所以，對任何眾生，都應生起「願他具足安樂的大慈心」以及「願他遠離痛苦的大悲心」。

現在在學院的道友，依靠上師如意寶的加持，每個人的相續中生起大悲心比較容易。所以，一方面自己具足善根，一方面具足上師僧眾的助緣、殊勝聖地的加持，以前哪怕沒有任何悲心的人，到了這裡以後，心相續也比較堪能、比較成熟，不論看到什麼眾生都會生起悲心，這就是上師和大乘佛法的加持力所致。

希望就像前面發願一樣，自己在生生世世當中，菩

提心未生起來的一定要生起來，已經生起來的不要退失、日日增長。這樣發菩提心和經常思維很重要，再加上經常看一些大乘有關菩提心和善心方面的論典，也可以養育自己的菩提心。

在自己的四無量心未修習圓滿之前，經常觀一觀眾生，甚至對螞蟻以上的眾生也應生起歡喜心。不然，看到有些小蟲的時候：「這個小蟲真討厭，看牠從我的碗裡面都來了；我在看書的時候……」有些嗔恨心特別重的人，看到小蟲馬上打，他不敢真正打，就用旁邊的東西開始打，從他的行為和語言也看得出來，大悲心不用說，應該生起嗔恨心吧。對老鼠、山羊等的行為也看得出來，有些人對大悲心的養育、大悲心的修行是什麼樣？遇到金剛道友或者其他任何眾生的時候，都可以看出他的大悲心和嗔恨心。

發殊勝菩提心、行二利之意樂與行六度之加行圓滿的佛子，是佛教之中流砥柱。這是佛教最根本的基礎，就像支撐房屋的柱子一樣，一定要觀察：在自己的相續中，到底有沒有慈悲菩提心？反反覆覆觀察。如果相續中也有，行為上也能做得到，這就是心行圓滿的菩提心。

總之，相續中若能如理生起願行菩提心，則不需觀待其他密乘、聲聞乘等，即可圓滿佛陀的一切功德。這樣的珍寶菩提心，通過不斷修學的恆常精進及猛厲發心

的恭敬精進，可使其不斷增上，應對此生起歡喜心。

精進可以分兩種，華智仁波切的《前行》當中講到很多種精進，但一般來講，精進有恆常精進和恭敬精進。所謂的恆常精進，比如這兩天起得早一點、過兩天一直睡懶覺，或者剛到學院頭兩三天還可以，現在已經變成了大懶漢……這不叫恆時精進。如果最初來學院如何精進，到現在還是這樣精進，這才是真正的恆時精進。或者，去年某某上師講某某法時比較精進，這幾天身體不好、煩惱非常重，這也不算恆時精進。在求法過程中，恆時精進特別重要。還有一個恭敬精進，對法、對上師、對真正的傳承，有一定的恭敬心，這樣一來，你的相續中可以獲得真正的法利。比如在學習《讚戒論淺釋》的過程中，覺得托嘎如意寶真是不可思議，《讚戒論淺釋》真是非常殊勝。看到法本就生起歡喜心和恭敬心，特別高興。這樣才能真正在自相續中獲得利益。

在求學過程中，就像以前的高僧大德們和托嘎如意寶所講的，恆時精進和恭敬精進不可缺少。缺少其中之一，你的聞思修行可能很難增上。對法本和上師不恭敬，上師口中所說的會全部誤解，認為上師在胡說亂編，或者覺得自己的智慧已經超過了上師；這些法本裡的內容也沒什麼了不起，托嘎如意寶只是一個老喇嘛，他的有些語言我也可以寫得出來。如果有這樣一種蔑視心，不會獲得加持。

相續中如果真正生起了菩提心，則應歡喜不已。在自相續中，以前經常殺害眾生、對眾生不是很好，從現在開始，凡是有生命的眾生，就像我自己的母親、我自己的生命那樣對待⋯⋯一旦相續中生起這種菩提心，這時不管你的形象是什麼，你已經真正成為一位高僧大德了。就像《白蓮花論》所講的公案一樣，有些修行人，應該從改變自己人生的道路和心態入手，很多行為不作改變的話，可能一直以凡夫眼光觀待其他眾生，相續不會有很大進步，雖然整天修法、念咒語，其實都是在特別堅固的我執基礎上，去讀、誦、學習的。這樣肯定不行，不管念誦還是其他任何修學，應該在拋棄我執的基礎上，以利他心進行其他佛事，這是修行的一種核心。如果真的能夠在拋棄我執的基礎上修持，他的修持會成功的。

有關這方面的道理，《聖者如幻等持經》云：「為利諸眾生，若發菩提心，將供養具足，三十二相佛。」為利益眾生而發起菩提心，其實已經供養了具足三十二相好的佛陀。我們平時根本見不到具足三十二相的佛陀，但實際釋迦牟尼佛親自來到面前，自己親自作供養，這個功德和對眾生發菩提心的功德哪個大呢？對眾生哪怕生起一剎那的菩提心，也有無量無邊的功德。從此以後，自己心的相續不間斷地延續下去的話，功德更加不可思議。

《讚戒論淺釋・智者走向解脫之教言》講記

又云：「菩提心如何，佛說妙法中，無更勝供養，亦無更勝德。」在所有佛教的教法和證法中，再沒有超勝菩提心的供養；在所有供養中，菩提心的供養最大。不管對上師還是對諸佛菩薩，你們很多人認為：給上師一點錢，是對上師最大的供養；對上師供養一點吃的、穿的，是對上師最大的供養。實際上，對上師的供養中無形的供養最大。有相的供養，如果上師比較欠缺，對他供養一點也有必要，但最主要的供養，就是平時對眾生發悲心，看見可憐的眾生馬上救護他，這就是無形中對上師最大的供養。佛經當中也說，所有妙法中，對上師和對佛陀最大的供養就是發菩提心。

戊二、圓滿前行修心及共同修學二資學處：

獨自安住無人寂靜處，以無偏心供施輪涅客，
一心修持無實幻化義，以無貪作供施真嚮往。

作者革瑪旺波丹增諾吾說，應獨自一人，安住在無有其他任何雜亂的寂靜地方。

前段時間，有一個叫丹增扎西的修行人，他在新龍的一座山裡閉關。他給我寫了一封信，說是沒有其他供養，為了報答恩德，給我拿了一大口袋新龍的柏樹枝。然後墨多神山有一個人，前段時間也給我拿一點柏樹枝，說他在神山裡沒有什麼供品……他們一個在新龍，一個在丹巴，好像商量好的一樣。暫時來看，他們還是比較精進，已經閉關兩三年了。我想他們確實沒什麼

供品，自己能生活已經算不錯了，有沒有困難也不知道……聽說新龍那邊天天吃糌粑以外，其他什麼都沒有，所以也是非常感謝。

對我來說，柏樹枝倒是不缺，現在什麼香都有，但如果用菩提心來供養，我覺得這是無形中真正最大的供養。我現在講經說法的目的，就是希望你們能得到一點利益，心相續能夠有一點改變，自己真是對眾生生起一點悲心，這樣求學的目的也就達到了。

釋迦牟尼佛在三個阿僧祇劫中積累資糧，主要目的就是利他，大家翻開《白蓮花論》，這種感覺就會非常強烈。釋迦牟尼佛在生生世世當中，有時候轉生為國王，有時候轉生為醫生，有時候轉為大臣，有時候轉為旁生、大象等各種各樣的眾生，但在每個生世當中，唯有利益眾生放在首位。

大家應該以敬信心看一看《白蓮花論》，聽說這本書在台灣那邊很暢銷。作為釋迦牟尼佛的追隨者，我去年翻譯《釋迦牟尼佛廣傳》以後，自己的人生上也有點點改變，改變是什麼呢？學佛當中主要是利他，發菩提心是最重要的事情。這是我自己人生中的一個改變。另外，每天都不間斷地念釋迦牟尼佛的儀軌，把釋迦牟尼佛的佛像當作自己供養的對境，這是自己人生中的另一個轉變。

我覺得外相上怎樣都可以，只要對自他有利，可以

拋棄自己的一切身體、生命、名聲等，這些不是很重要，它們都是很短暫的。得一個人身不容易，在已經得到人身的時候，相續中真正受到釋迦牟尼佛的加持，生起一種利他的心，這一點非常難得。

很多人從無始以來害過很多眾生，尤其即生中故意殺害眾生的這些罪業，為了真實懺淨這些罪報而應斷除我執，這是修行人最根本的。所以，修行的時候抓重點很重要，比如學密宗的重點就是等淨無二的見解；學大乘經典的重點，就是要對眾生生悲心，這種悲心並非口頭上說一說，現在很多寺院念得特別好聽——為一切眾生修學大慈大悲菩提心，聽起來倒是不錯，但是真正心的相續中為一切眾生生起大悲菩提心沒有？這是最關鍵的一個問題。

革瑪旺波丹增諾吾說：我特別願意住在無有任何人的寂靜處，以無偏袒之心供施輪迴和涅槃的客人們，一心專注無實幻化之意義，以無貪之心作上供下施，對此十分嚮往。這裡講到世俗積累資糧和勝義積累資糧的兩種方法，在世俗中，將自己的身體、受用等，無有任何我執，全部布施給天邊無際的一切眾生，這是世俗的發心；在勝義當中，以幻化八喻的方式，了知一切萬法皆為空性，用這種方法對待一切修行。這真是讓人非常嚮往。

在座的每一個人可能也很想這樣做，因為無始以來

的煩惱非常深重，很難做到，但是一次做不到、一次的失敗，沒關係⋯⋯有兩個人打架，別人問其中一個人：「你今天是不是失敗了？」他說：「我今天倒是失敗了，但是我永遠都要與他作戰，終有一天我會勝利。」就像他說的，在對待煩惱的過程中，可能會經常失敗，但只要發心不捨棄，我想終有一天會戰勝的。

若想如理修學菩提心學處，則應獨自一人安住於順緣善妙、外境無人的山谷。就像喇榮山谷一樣，這裡人雖然多一點，但是，具有邪知邪見的人是沒有的，很多人都是宣講菩提道的，行為善妙增上。不過聽說有些人在聊天過程中，經常講起在家的事情：我以前在家的時候如何如何，當時我特別特別好看⋯⋯。希望你們以前的一些經歷，最好不要講太多，不然別人不一定生信心，沒有很大意義。以前的事情就像做夢一樣，不要整天對它特別執著。你這樣說的時候，很多金剛道友當時聽：「噢噢噢噢⋯⋯很好，然後呢？」好像特別有興趣，過了以後：「那個人很壞的⋯⋯」可能會這樣說。所以，除個別人以外，這裡的金剛道友都是講菩提道的善妙道友，對自己的聞思修行肯定會有好處。

在無有憒鬧的寂靜處，遠離友伴、城邑，安坐於舒適的坐墊上，以對親怨無有偏袒之心，將執為我所的身體、受用、善根上供諸佛、下施輪迴一切眾生。這種修法非常殊勝。平時生病、遇到違緣等，不要對自己的身

體、財產受用等太執著。現在社會上的人和修行人的心態完全不同，社會上的這些人，學佛也不是想解脫，就是想我發財、想我順利、想我一切不出違緣、我的家裡平平安安。作為佛教徒，對身體、財產等不能過分執著，對自己所執著的身體、受用、善根，應全部供養諸佛菩薩、布施輪迴眾生，經常這樣觀想並且盡心盡力地身體力行。

修行人的心態，不要跟社會上不學佛的或者稍微學一點的人一模一樣。也許是我的性格很壞，金剛娛樂法會的時候，大家特別高興，我覺得：沒什麼特別高興的。傳染病來了，很多人特別痛苦，哭起來的時候，我也覺得：沒什麼哭的，我們在輪迴中已經無數次捨棄過生命，現在死的話也可以。所以，對自己的身體、受用，從修行上可以表達出來，尤其對身體不能太執著，如果身體生病了，應該供養諸佛菩薩、布施輪迴的一切眾生。

《大圓滿前行》裡面所講的古薩里修法，是不離發菩提心遣除罪障、密宗最殊勝的一種修法，因為在生病、遇到違緣的時候，自己會有一種特別大的執著。根登群佩的道歌裡說，世間人們始終不離擔憂和希望，快樂的時候，有一種不要離開這種快樂的擔心；在痛苦的時候，希望一定要擺脫這種痛苦，一直在不離快樂的擔憂和擺脫痛苦的希望中不離開。所以，平時快樂的時

候，它離開就離開，痛苦完了以後肯定會有快樂，快樂以後肯定有痛苦。作為修行人，心態稍微與世間人有點不同，不然，除了穿著僧衣以外，心裡與燒香的佛教居士無有二致，還是像世間人一樣，可能會很痛苦。應將自己的身體善根受用等，全部迴向眾生，這是世俗有緣福德資糧。

一心一意修持輪涅諸法以幻化八喻所立之實相密意。以對顯現無有微塵許貪執之心，護持實相赤裸之無現入定，以證悟輪涅等性之心作供施，這種三輪體空之供施就是勝義無緣智慧資糧。

對一般人來說，不要說大圓滿，以幻化八喻所比喻的空性實相意義也不太好懂。宗喀巴大師的傳記中說：宗喀巴大師內心最甚深的就是《多哈道歌》的密意，但《多哈道歌》所講到的空性智慧、慈悲的意義，現在末法時代的眾生根本無法接受。因此，他依據阿底峽尊者的《菩提道炬論》所闡述的意義，專門作了《菩提道次第廣論》。的確如此，以前月稱菩薩和莪扎古昧辯論……有說辯論了七年，有說辯論七個月。在他們辯論的時候，旁邊的少女、幼童也說：無著菩薩和彌勒菩薩的法人人都可以接受，就像妙藥一樣；龍猛菩薩空性的觀點，有些人可以接受，對有些人卻會變成毒藥，非常危險扎古昧辯論……有說辯論了七年，有說辯論七個月。在他們辯論的時候，旁邊的少女、幼童也說：無著

菩薩和彌勒菩薩的法人人都可以接受，就像妙藥一樣；龍猛菩薩空性的觀點，有些人可以接受，對有些人卻會變成毒藥，非常危險扎古昧辯論……有說辯論了七年，有說辯論七個月。在他們辯論的時候，旁邊的少女、幼童也說：無著菩薩和彌勒菩薩的法人人都可以接受，就像妙藥一樣；龍猛菩薩空性的觀點，有些人可以接受，對有些人卻會變成毒藥，非常危險⑥。有時候這些牧童們還是很聰明的，講周利槃陀的公案時，旁邊的牧童已經學會的道理，周利槃陀一直還沒學會。

空性的意義非常難懂，不管怎樣，勝義中，觀一切法無有任何實質，善根、身體、受用什麼都不執著；世俗中，將自己特別執著的我和我的身體、我的受用、我的善根，全部迴向和布施給眾生，這一點很重要。

我們內心真是十分嚮往積累這二種資糧。在世俗中，不要我執太大，生病的時候：我的身體可以令病魔得一點利益，這樣很好，就像一隻小蟲在咬我的身體一樣。如果這樣發心，真正的世俗菩提心已經產生了，這種功德非常大。不然，「生病了真是痛苦，聽說密宗是不是有一種降伏方法？病魔真討厭，已經害了我很長時間。是不是我身體上有一個附體？用什麼辦法可以把它的腦袋摧毀？」有這種想法的話，相續中根本不具足菩提心。真是這樣，病魔也好，怨敵也好，正在害我們的

⑥噫嘻龍樹論，有藥亦有毒，慈氏無著論，是群生甘露。

時候，也一定要增長自己的菩提心。

以前國外的個別大德也說：我們現在雖然離開了家鄉，但也非常感謝當時迫使我們離開的這些人，因為沒有這種助緣，現在在這裡的弘法利生不會這麼廣大，自身也不會有生起菩提心的順緣。

遇到病魔時應該如何觀想，《竅訣寶藏論》再三講過，這些都是符合大乘的意義，希望你們再三思維。只不過像我這樣的人口裡面說出來，不一定有很大價值。就像賣商品也是這樣，有些名氣比較大一點，比如北京國際貿易公司，「這個肯定很好」；小商店裡面，雖然是真正的黃金，人們也不一定重視。但是，我想我所說的比較符合傳承上師們和諸佛菩薩的教義，每位修行人都應該重視。遇到痛苦和違緣的時候，尤其是將自己的身體受用，全部供養諸佛菩薩和布施三界輪迴的一切眾生，這是修行當中非常重要的事情。

修學菩薩行需要迅速積累二種資糧的道理，《學集論》云：「吾身及受用，三世諸善根，施與諸有情，護持淨增長。」《入行論》亦云：「身體及受用，三世一切善，為成眾生利，無吝作布施。」堪布根華特別重視這一句話，他在《入菩薩行論》講義中說施與諸有情，護持淨增長。」《入行論》亦云：「身體及受用，三世一切善，為成眾生利，無吝作布施。」堪布根華特別重視這一句話，他在《入菩薩行論》講義中說施與諸有

情，護持淨增長。」《入行論》亦云：「身體及受用，三世一切善，為成眾生利，無吝作布施。」堪布根華特別重視這一句話，他在《入菩薩行論》講義中說⑱：這是修斷法最好的一個方法。平時在遇到困難、違緣、魔障的時候，僅僅念一遍這個偈頌，邊念邊觀想：將我的身體、財產以及三世所造的一切善根，全部供養迴向給無邊無際的眾生。所有鬼神不會對你有危害，即使有，也可以積累很多資糧。所以，有時候生一點病，可以將這個肉身布施出去，痛一點也值得。有些鬼神正在享受我的身體的時候：這樣也很快樂，若不痛就沒有機會將我的身體布施給它們；痛的話，這些病魔、惡鬼可以得到利益。只要發心具足，生病也可以是一種修行。

丁三（宣說修持捷徑果乘密道之理）分三：戊一、恭敬依止引道者上師之特法；戊二、守護捷徑密乘灌頂所獲誓言之功德；戊三、宣說即生一切有漏法解脫於法界之頂乘密意。

戊一、恭敬依止引道者上師之特法：

恩德勝佛具相上師尊，了知三寶總集之本體，

當以堅信誠心作祈禱，獲得意傳證悟乃特法。

這個頌詞很重要，希望大家能背下來。

具有法相、恩德勝過佛陀的具相上師，應了知他就

---

⑱堪布根華說：假如遇到病魔或是一些違緣，念誦此偈來調伏自相續，加持力是相當大的。

是三寶之總集，經常以堅定不移的信心誠心誠意祈禱，很快便可獲得如來意傳之加持。

無上密法中有三大傳承，如來密意傳、持明表示傳、補特伽羅耳傳，《大圓滿前行》講到上師瑜伽時有廣說。什麼叫如來密意傳呢？真正上師的證悟智慧和悲心，在無形中弟子於相續中得到，這就叫做如來密意傳。

在悲心和證悟方面，表面上看不出來，有些人認為：所謂的意傳，是不是有一個紅色、白色的東西？實際上，以前相續非常粗暴凶惡，現在看到眾生時：不能殺害這些眾生。見到血淋淋的肉：以前我很壞，經常吃生肉，現在我再也不想吃了。這就是上師無形中的意傳加持。

這裡講到，應了知勝德具相上師即三寶總集之本體，以堅定的信心經常祈禱，上師相續中的證悟，尤其無上大圓滿不可思議的證悟境界，自己自然而然可以得到，這就是上師瑜伽的一種特法，具有一種不共的能力。

末法時代的這些眾生，無緣親眼面見諸佛，不能親耳聆聽佛語，而我們的大恩上師以悲憫之心，將如同百川匯於橋下般，所有佛法匯於無上密宗金剛乘的殊勝竅訣，即生便可獲得解脫之善道，已經為這些濁世眾生作了開示。從恩德方面，具有經論所說一切法相的殊勝上

《讚戒論淺釋·智者走向解脫之教言》講記

師尊，已經遠遠超勝佛陀，並深深了知：上師身即僧眾、上師語即聖法、上師意即佛陀之自性。之後應當捨棄一切，以堅定不移的信心潛心猛厲祈禱。

我們也應該經常念上師如意寶的祈禱文⑩：「晉美作恰尊波得拉旺……」或者念上師的心咒「嗡格熱阿白拉江嘎繞斯德阿吽」，《大圓滿心性休息‧三處三善引導文》中也講過，即使每天不能念很多，哪怕只念幾遍，憶念上師，這對修行人來講非常重要。上師是諸佛菩薩的本體，依靠他的威力，可以遣除我們修行中的很多違緣。以前的很多高僧大德說：自己的心經常不離上師，上師也會時刻對你加持；你的心越來越遠離上師，自己的行為也會逐漸與佛法背道而馳。所以，平時應經常憶念上師，以堅定的信心經常祈禱上師。

從普賢如來到現在我們上師之間，布瑪莫扎、加納思扎、西日桑哈、蓮花生大士，然後無垢光尊者、智悲光尊者、麥彭仁波切，再到托嘎如意寶、上師法王如意寶之間，這一代一代傳下來的傳家之寶，如此殊勝的密法境界、智慧，應該努力在自相續中生起。

因此，經常祈禱上師非常重要，對上師有一種恭敬心也非常重要。如果你心裡經常將上師視為佛，坐的時候，將上師觀在自己頭頂，晚上睡的時候觀在自己心

---

⑩聖者法王如意寶祈禱頌：晉美作恰尊波得拉旺，彭措拉巴森傑雲丹作，華伊潘迪炯內仁波切，珍巧華丹喇嘛所瓦得。漢義為：無畏自在講辯著之藏，圓滿具足三學之功德，無量利樂之源如意寶，祈禱具德上師勝引尊。

間，一切顯現是上師的顯現、一切聲音是上師的金剛語，如此一來，上師的心與自己的心自然而然會融為一體。什麼是上師的心？就是我們心的本來面目。就像《定解寶燈論》所講的一樣，本體空性、自性光明，並不是口頭上說，而是真正已經通達這種境界時，上師的智慧和上師的心即是這個，諸佛菩薩的心、金剛般若波羅蜜多所講的甚深道理，也是這個。這時，上師的甚深密意、上師的竅訣和意傳智慧，你已經全部獲得了。

使上師所證悟實相的智慧融入於自相續，這就是大密金剛乘勝過其他乘之特法。現在有些人認為：密宗和顯宗一樣。一方面講，二者的確一樣；另一方面來講，二者可以說完全不同，從不相同方面，也可以從教證、理證以及竅訣體驗等，很多角度來宣說。那天我遇到一個人，他說：「密宗也講《華嚴經》和《般若經》中的智慧波羅蜜多，這不就是密宗最殊勝的嘛！釋迦牟尼佛教法中再沒有比它更殊勝的了。」密宗最高的法確實可以說是般若波羅蜜多空性，但是，密宗還有很多不共的特點，只不過你有沒有信心的門票？如果有信心的門票，進入密宗的殿堂以後，再可以給你介紹介紹密宗超越顯宗的殊勝特點。這一點，我想只有多年聞思修行密宗的有緣人，內心才會知道，密宗在與顯宗相同的同時，也有其不共的特點。也可以說，密宗以上師強行的加持力，可以改變自己的心相續。通過一心一意地修持

上師瑜伽，依靠上師瑜伽的威力，自相續中原來難以調伏的分別心，剎那便可轉依為智慧，這就是密宗的特點。

因此，密乘唯一依靠上師便可圓滿一切要道，

佛的加持也可以直接通過上師獲得，而般若乘，並不了知所有加持源於上師。如云：「當知勝義俱生智，唯依積資淨障力，具證上師之加持，依止他法誠愚癡。」華智仁波切在《大圓滿前行引導文‧上師瑜伽》中也引用過這個教證。大家應該知道，所證悟的勝義俱生智慧，可以通過兩個途徑獲得，一是自己積累資糧、淨除罪障而得到，一是通過上師的加持力而得到。所以，除了上師的加持和自己淨障積資以外，依止其他方法想獲得證悟，是一種愚癡的行為。

上師的祈禱也放棄，自己積累資糧和懺除罪障也放棄，天天觀氣脈明點、天天坐禪……若真能如理如法、按次第坐禪，倒也十分讚歎，但是對現在很多的坐禪實在心存懷疑。所以，最保險的就是好好修上師瑜伽，認真淨除罪障、積累資糧，這一點非常非常重要。

第十六課

第十七課

下面繼續講托嘎如意寶造的《讚戒論淺釋‧智者走向解脫之教言》。前面顯宗部分已經講了，現在正在講密宗部分的道理。

所謂的戒律有密乘戒、菩薩戒和別解脫戒，對於守戒的功德和破戒的過患，本論前文以別解脫為主分別作了宣講。一般來說，密乘戒是在上師灌頂的同時，相續中獲得的一種戒律。密宗戒律沒有像別解脫戒和菩薩戒那樣，可以單獨受持，別解脫戒是在很多上師面前受，齋戒等在佛像前受也可以。菩薩戒的受戒方式，無著菩薩和龍猛菩薩的說法有些不同，但實在不具足上師等因緣，自己在佛像前受也可以；或者具有真實觀想能力的話，在自己前面虛空中觀想一切如來，在如來面前受持菩薩戒，這樣也合理。密乘戒當中沒有這些說法，受持密乘戒的時候，必須在上師面前首先皈依發心，獲得第四灌頂以上，在我們發願受持誓言的同時，獲得密乘戒。

戊二、守護捷徑密乘灌頂所獲誓言之功德：

捷道密宗入門即灌頂，受持彼者之根誓言故，

縱遇命難亦應誠守護，則生證相德芽不困難。

修持密宗道的人成就非常快，但入密宗道首先必須得受灌頂。一般加行修完以後有一種灌頂，得受灌頂以

《讚戒論淺釋‧智者走向解脫之教言》講記

後就是真正進入密乘，而繼續修持密法的根本就是誓言。

進入密乘以後，尤其密宗灌頂的上師，對境十分嚴厲，最初應詳詳細細觀察。對這方面，我經常要求大家要觀察，我也並不是很小氣，如果是一位具相上師，的確很隨喜。但現在的這個時代說不清楚，你們很多人的信心不穩固，灌頂以後就開始說過失……我也是為了避免這些現象。灌完頂就說過失，這是我聽不慣的；未灌頂前不觀察，這也是我看不慣的。

而且，很多人灌頂有各種各樣的心態。灌頂的上師有目的而灌頂，接受灌頂的弟子盲目地去灌頂，灌完頂以後開始毀謗。這種事情很不愉快，乾脆不如上師如意寶或者真正大家公認的上師，在他們面前受灌頂是很好的。你們還是在五六年、七八年當中，修持密宗的加行，如果加行沒修好，僅僅灌一個密宗的頂，對密宗的誓言不一定能守持，這種急躁的行為不會長久……昨前天有些人這樣講的：「要不要給堪布說一下？」「不要說，不要說，他不會同意的，我們悄悄地，他根本不會知道。」沒有想到我知道了你老人家的名字和你的地點，還有什麼事情……對我來說，這也不是偷我的東西，對我無利無害。

上師如意寶之所以經常在課堂上再三強調，也是這

⑧現在把亡者照片貼在上面也可以。

個原因。現在真假很難辨別，你們自己一邊懷疑一邊灌頂，灌完頂以後到處問：我在某某處已經灌頂了，但這個人是不是真上師？產生各種各樣的懷疑，你們有些人真的很愚蠢。真正的上師灌頂以後，必須守持它的誓言，灌頂的根本就是誓言。

對於所發下的誓言，縱遇命難也必須護持。這樣一來，自己相續中生起功德的苗芽也不會困難。進入密乘以後，若未守護密宗誓言，想在自相續中生起功德的苗芽，也非常困難。

真正具有信心、具足誓言的善緣者，上師也是真正具相的善知識，依靠密宗的灌頂和修法，就像魔術一般，很快時間中便可獲得解脫。而趣入密宗必不可少的即是灌頂，通過能成熟之方便四灌頂，觀想上師的身語意發光，融入自己的身語意，自己身語意和三門平等的四種障礙全部得以清淨，修持生起次第、圓滿次第、無相圓滿次第和大圓滿四道，可以成熟四身。本來在我們相續中，像種子一樣存在四身的種子，未被灌頂之水開光，則種子根本無法成熟。

所謂的灌頂，有基道果或因道果三種。我們相續中真正想要生起一切功德，就要守護根本誓言和支分誓言。因此，縱遇命難也不能捨棄，深刻了知其珍貴難得，誠心誠意毫不拖延地守護誓言，這樣一來，猶如值遇濕潤良田之種子一般，自相續生長出四持明之功德苗

芽也並不困難。

《集密續》中說：「猶如依良田，所播之種子，將成熟果實，維持生命也。如是一切法，根本誓言故，成熟菩提果，緊持善命根。」一切法之根本就是要獲得灌頂，獲得灌頂的根本就是誓言，守持誓言以後，自相續中的善根功德可以生長出來。

戊三（宣說即生一切有漏法解脫於法界之頂乘密意）分二：己一、總說無上三續之密意；己二、分說大圓滿阿底約嘎特法之功德及勸修根除迷現。

此處從兩方面講，得到灌頂以後，不論修生起次第、圓滿次第或者大圓滿，通過精進修持，於即生便可獲得成就，成為世間的最後有者。所謂的最後有者，小乘也有這種名詞，即再不用流轉輪迴的最後一個身體。

己一、總說無上三續之密意：

對治分別執著生圓道，無貪覺空無別佛密意，

證悟自解之信解道頂，若具此等定成最後有。

依靠生圓次第和覺空無別的智慧安住佛陀的密意，證悟此行境，即能達到無上密法之頂乘。若具足此種定解，或具足這種生圓次第的修法，這個人必會變成世間最後有者。

下面的道理，我就簡單念一下，因為在座的可能有灌過頂的、沒灌過頂的，各種各樣的法器都具足。我對生圓次第和一些甚深教言，講也講不來，即使講得來，

沒有灌頂和修五十萬加行之前，聽很多這方面的內容沒有很大意義，你們得過灌頂的人可以自己慢慢看。

這裡與其他修法稍有不同，一般生起次第是瑪哈約嘎、圓滿次第是阿努約嘎、無上大圓滿是阿底約嘎。此處講到的瑪哈約嘎，其中也分生起次第和圓滿次第的觀修方法。對治自相續執著器情之分別念的方法，將能依所依之器情觀為剎土本尊，即殊勝世俗諦之生起次第；以對治能取所取之方便使業風進入中脈，任運自成七勝義[70]本體之因，即為殊勝勝義諦圓滿次第，以上為無誤殊勝生圓道之瑪哈約嘎。不貪執平庸之能取所取，在無貪覺空無二無別之實相或法界與智慧雙運自然本智、任運自成之自性大樂菩提心之壇城中，自然安住於佛陀之密意。也就是說，法界自然本智，在任運自成的壇城中，以無二無別的方式安住於佛陀的密意境界中，這就是阿努約嘎。本基清淨之實相，即本體空性為法身、自性光明為報身、大悲周遍為化身，證悟無緣三相及一方便後，如理修道決定可現見本面，此為見；獲得定解，即為修；證悟自解脫之信念，即為果，不需取捨之本來實相即諸乘解脫道之最極頂，此為竅訣阿底約嘎。

無論上中下任何根基之人，如果具足或證悟上述道理，必定會超越迷亂、無知等一切現象，其心必定會安

⑦七勝義：身語意功德事業五種為果勝義，再加上智慧勝義和法界勝義，共有七種勝義。

《讚戒論淺釋・智者走向解脫之教言》講記

住於佛陀之密意中，從而斷除胎城。這種人，就像大鵬於卵中即可圓滿羽翅，破殼便可展翅高飛一樣，一旦具足上述所說的境界，其身體雖與普通凡夫無異，即生必定可以獲得成就，成為真正世間的最後有者。

托嘎如意寶讚歎革瑪旺波：作者這一句話可以表明，他老人家已經完全通達全知無垢光尊者所講密法之最頂乘。由此我們也可推知，托嘎如意寶因為宣說了上述道理，已經依照全知無垢光尊者的論典通達了頂乘。革瑪旺波傳記裡面，他老人家應該是依靠華智仁波切的竅訣了達大圓滿的無上密意，但托嘎如意寶此處是這樣講的：作者依靠無垢光尊者通達證悟了大圓滿的密意。

《金剛薩埵意鏡續》中說：「生次瑪哈乃諸法之基，圓次阿努乃諸法之道，大圓阿底乃諸法之果。」這是從基道果三個方面來安立的。麥彭仁波切在《大幻化網總說光明藏論》中也引用這個教證，講了具體無上密法生圓次第的功德和簡單的修法。

己二、分說大圓滿阿底約嘎特法之功德及勸修根除迷現：

如今六道眾生五毒山，其餘之法難以毀滅之，
若持證悟大圓金剛鑽，即能摧毀世間諸大山。

現如今，六道眾生邪知邪見五毒的大山非常可怕，就像須彌山一般，除大圓滿以外，依靠其他法要，想摧毀它非常困難。我們若持執或者說證悟大圓滿如金剛鑽

石般的見解，不僅世間各種各樣邪知邪見的大山可以摧毀，《入中論》所講的眾生相續中的二十座薩迦耶見的大山，也可無餘摧毀。

在末法時代世間越來越濁的此刻，大圓滿的加持越來越強烈。以前上師如意寶講過：世間越來越黑暗時，燈光會越來越明亮。世間越濁的時候，大圓滿的加持力和威力也會越強盛。因此，在這種時候，依靠無上大圓滿一定會成就。我們如今能夠遇到如此殊勝的無上大圓滿，自己若根本不修持、完全放置一旁，非常可惜。

但是，修法也不能著急，既沒灌頂也沒修完加行，直接修大圓滿不一定成功，很可能會犯盜法罪。《那若懺悔文》中說：沒有依法次第而修持，空行本尊面前誠懺悔。按照密法真正的次第，需要先以灌頂和修加行為主，在守護誓言的基礎上再修持密法，這是最基本的條件和原則，否則，不一定獲得成就。

現在很多人，既不灌頂也不觀察上師，也不修加行，見到一位上師就說：上師，您能不能給我灌個頂？我要看大圓滿的書，我要看《繫解脫》，我要看《上師心滴》。這樣的話，即使上師給你灌個頂，然後你翻一翻這些密法的法本，結果不僅不會證悟，可能連看都看不懂。假設未按次第修持，暫且不說修法是否成功，護法神肯定會懲罰你。

如果心太著急，一般的小事尚且辦不成，何況說解

《讚戒論淺釋‧智者走向解脫之教言》講記

脫大事？密法有很嚴密的一種次第和要求，對這些不能違越，否則，對上師也不利，對你個人也不利。現在很多人，尤其聽一聽個別上師講經說法的光盤，他自己可能連皈依是什麼都不清楚，竟認為皈依只是一種形象。實際上，所謂的皈依，在我們相續中何時真正對三寶生起信心，從此以後，你可以稱為三寶弟子。相續中乃至未生起這種信心之前，不算是皈依的三寶弟子。不過，這些人也許是諸佛菩薩顯現，真是這樣就不說了，肯定有密意。但顯現上，有些人在講皈依的時候，真的是什麼都不知道。就像那天有一個峨眉山的和尚說：「我在這裡穿這身衣服，每天供佛，可以得到一點工資，所以我是在這裡上班的。」如果問他什麼是皈依？根本不懂。

不管怎麼樣，修持密宗的時候，希望大家不要修錯了，密宗當中沒有開後門的方便。灌個頂、念一點《繫解脫》、看一看《上師心滴》，就馬上成就，沒有這種法門。所謂的密宗修法，十萬空行母時時刻刻都在保護著，你只想走捷徑的話，對你個人不會有利，你的很多修行也很可能受到違緣。所以，在很多地方不要著急，按照次第和要求來做。不然，從來沒上過小學、中學，除非非常有智慧的人，直接讀大學的話，大學老師會不會接受你？非常難說。

現在學密宗的個別上師，有些地方也不太如法，昨

前天上師如意寶也說了，用六世達賴的情歌給別人灌頂，連灌頂的儀軌也不懂。按理來說，灌頂有灌頂的要求，達不到要求肯定不行，以前學《大幻化網》的時候，對這方面也介紹過。然後，弟子修密法，也需要一定的條件和資格，並不是所有人都可以修密法，密法也不像點金劑一樣，一接觸馬上就讓你變成黃金了，不是這樣的。

如果真正具足信心，按照密法的次第修持的話，它的價值和力量不可否認。在修密法之前也需要先皈依，皈依的時候，自相續中有沒有真正的皈依戒？應該觀察一下：我從此以後真正皈依三寶，即使遇到生命危險也不退轉。這時相續中已經具有了皈依戒。趣入菩薩乘的時候，不捨眾生的意念有沒有？這種意念沒有的話，自己應該想盡辦法生起，從此以後怎麼樣發願？從這方面下功夫。菩薩戒已經具足的話，再看看密宗戒律……所以，上上乘的戒律要求更加嚴格。

所謂的學佛不是形象上，趣入佛門以後，就是為了自他的今生來世得到一點利益。如果不按照佛經論典的要求去做，可能得不到利益，這方面大家值得注意。

佛陀在世時是果期，得果現象非常多，但現在已經不像佛陀在世時一樣，果法期已經隱沒，所以對諸法實相很難證悟。在眾生壽命接近十歲時，以前上師說是七十歲左右，大圓滿的加持更加強大。的確如此，現在

修持大圓滿虹身成就、對大圓滿生信心的人，可以說越來越多，這一點也說明，大圓滿的教法期還未隱沒。

現在很多人對小乘法，不像釋迦牟尼佛在世時一樣有很大信心。不過，也有很多人非常盲目，聽說「大圓滿可以即生成就，大圓滿很殊勝」，馬上去求。有些人，真正對大圓滿不可思議的加持和威力生起信心，想盡一切辦法要獲得大圓滿的灌頂和傳承，這也是大圓滿不共的加持和吸引力。

在濁世人壽接近十歲的時候，以貪嗔癡慢疑再加上吝嗇六毒所引發，顯現為地獄等六道眾生，對於煩惱強盛之五毒自現的壞聚見大山王，以其他不了義因果乘在濁世人壽接近十歲的時候，以貪嗔癡慢疑再加上吝嗇六毒所引發，顯現為地獄等六道眾生，對於煩惱強盛之五毒自現的壞聚見大山王，以其他不了義因果乘在濁世人壽接近十歲的時候，以貪嗔癡慢疑再加上吝嗇六毒所引發，顯現為地獄等六道眾生，對於煩惱強盛之五毒自現的壞聚見大山王，以其他不了義因果乘⑰的佛法，極難摧毀滅盡，不能迅速對治調伏。

不僅法是大圓滿，人也應通過各種方法了達大圓滿之本義，如此則可稱為大圓滿修行人。不然，大圓滿確實具有不可思議甚深的加持力和功德，但我們人不去修，或者即使修持，因煩惱深重而未通達大圓滿本義，

⑰此處觀待大圓滿而言，將其他因果乘全部稱為不了義。

這個人不能稱為修大圓滿者。如果法是真正的大圓滿，人也對大圓滿的甚深之義，次第無有絲毫錯亂，真正通達其本義，那麼，不論哪一種人，只要具有穩固的信心，即生也可以如理如實證悟它的智慧。

托嘎如意寶說：人雖然很愚笨，但只要有穩固的信心，也可以通達或者證悟大圓滿。現在大圓滿寧提派或者說大圓滿心滴派，在當今時代正處於勝解行之緣，即使無有廣聞多學，依靠穩固的信心精進修持，也可以通達大圓滿。

無垢光尊者《七寶藏》的說法與此處稍有不同。無垢光尊者說：我的寧提現在處於勝解行的時候，必須廣聞多學才能通達開悟。而托嘎如意寶此處講「勝解行」的意思是，依靠信心便可獲得證悟。因為末法時代的眾生，事務非常繁忙，沒時間廣聞多學，只要有穩固的信心，也可以通達無上大圓滿的意義。這是一種竅訣性的說法，只要有信心，不論多麼愚笨的鈍根者，在不失毀誓言的基礎上精進修持大圓滿，於今生或者中陰身或者來世一定會成就。

因此先決定、區別，最終完全了悟實相自解脫密要。也即首先從見解方面有一個決定性，再區別正道與邪道或正修與非修，比如阿賴耶和法身之間的差別、意識和智慧之間的差別，最後證悟自解脫之密要。如同大自在天手中之金剛可以無餘摧毀一切大山般，修持如是

大圓滿之頂乘法，任何迷亂分別念都可以輕而易舉摧毀。

現在很多人喜歡修大圓滿，的確是有原因的，因為末法時代眾生的紛飛雜念，依靠其他對治法雖然會起作用，但此大圓滿極為殊勝，就像帝釋或者大自在天手中的金剛一般，以大圓滿自然本智，能夠摧毀輪迴的各種迷亂顯現，真正通達一切顯現皆為迷亂，全部不離貪執迷亂分別念而造作，已經證悟無基離根、無有能取所取的境界。因此，托嘎如意寶勸請大家，希望盡快修持無上密法大圓滿。如《普作續》云：「如是顯現皆真如，誰亦不應改變彼，不改平等性之王，無念法身任運成。」一切萬法與自心本性本來即是如此，無有任何可以改變的，於每位眾生前自然而成，只要修行必定可以成就，若未修行也不可能現前此平等本性。

甲三、尾善末義：

如是造論種種語善說，我以清淨之心隨意寫，

願成汝心聞思修助緣，並度老母有情至商主。

如是上述所造種種善說之語言，未以世間八法貪嗔癡意念所染，以清淨心隨意而撰寫。這也是作者的一種寫作風格，如何想就如何寫。革瑪旺波說，希望這部論典能夠成為你們聞思修行的助緣，你們也應發願度化一切老母有情趨至商主果位。

在藏文中，《讚戒論》頌詞自始至終都未出現作者

第十七課

的名字，但傳承上師們說：這是革瑪旺波丹增諾吾所造。

上述以三學自性三戒之密要所造之論，以頌詞形式善巧宣說了不同乘的內容，作者並非以名聞利養之發心，而是以純潔清淨殊勝之意樂，隨意所現直接撰寫，由此產生的善根，願成為堪為法器的善緣者廣聞經論注疏（聞）、如理思維斷除增益（思）、自相續對治遠離二障而串修（修）之殊勝助緣。

托嘎如意寶和革瑪旺波丹增諾吾在這裡，並不是片面地只讚歎別解脫戒，其他密乘戒和菩薩戒全部忽略。現在國內外的有些律宗道場，像道宣律師等，對戒律大加弘揚，這方面很值得隨喜，但他們對菩薩戒和密乘戒的看法不是很合理。學戒律的時候，不管密乘戒、菩薩戒還是小乘戒，應該融會貫通、融為一體，以這種方式來受持，三種戒於一個人的相續中存在並不相違，這一點非常重要。

我們應該再三發願：度化引導三有之中所有的老母有情，趨往遍知寶洲大商主佛陀的果位。「大商主」是從比喻方面說的，實際就是指佛陀。如同大商主將眾商人從世間海洋解救出來一樣，佛陀可以將眾生從輪迴大海中救脫出來，因此，應對此論生起歡喜之心。

《寶性論》云：「何人一心為佛法，無有散亂（私利）而宣說，符合獲得解脫道，應如佛語作頂戴。」高

僧大德在講法的時候，雖然他的話不是佛的語言，但他說的若符合佛陀的語言，是在開示解脫道的話，就應該像佛語一樣恭敬對待。

對於任何一部論典，高僧大德們的論典也好，上師講經說法，甚至道友並非以自私自利之心，而是好心好意為你講一句佛法，我們也應該像佛陀的語言那樣來對待。教證中說：任何人一心一意為佛法，無有絲毫散亂心或者自私自利之心，若他所說的道理符合解脫道，就應像佛語一樣恭敬頂戴。比如說我這次講《讚戒論》，全部以我自己的利益為中心，這叫做有散亂心。但我沒有自私自利心，只是為了你們真正懂得守戒功德和破戒過患，以後好好守持戒律，生生世世發願做清淨戒律的人，雖然我是凡夫人，但凡夫口中所說的語言，無有散亂之心為你們好心好意宣說，因此可以把它當作真正的佛語。

托嘎如意寶之所以引用這個教證，意思是說，我所說的語言雖然不是佛陀的語言，但你們應該像對待佛語那樣來頂戴恭敬。諸位後學者如此了知三學要義之後，也應無有懈怠、毫不拖延地精進修持。

下面托嘎如意寶他老人家在結文作了下面幾個偈頌。

「捨棄無義諸事老人我，猶如盲人承擔明者事，著論行持智者稀有事，三門徒勞浪費紙張已。唯恐倒說聖

者之密意，產生重罪雖欲自安住，然因如鼓鼓槌之緣起。」托嘎如意寶非常謙虛地說：已經捨棄一切瑣事的老人我，就像盲人擔任具眼目者的事情一樣，本來以造論來弘法利生，是智者講辯著三大事之一，像我這樣的人造這部論典，實際只是身語意三門徒勞浪費紙張而已，沒有很大意義。對於革瑪旺波丹增諾吾大聖者的密意，很擔心會作一種顛倒宣說，由此產生大罪過。所以，自己本不想作這部《讚戒論淺釋》，自己好好安住即可，但有些弟子一直勸請，如同鼓槌擊打鼓而發出聲響般，我也不得不發出造論之聲。

的確非常感謝這些人，否則，托嘎如意寶雖然培養了很多高僧大德，但沒有落成文字的話，後代的人很難了知他的性格、智慧等。

托嘎如意寶又說：「又思成為他人譏笑因，是故應當小心倍謹慎，土登老人隨意而撰寫。」他老人家當時可能跟弟子說：我造這部論典，別人知道了可能會笑話你們，你們自己一定要注意保密，不要公開給其他人，這只是土登老人隨意而撰寫的。善哉！善哉！！善哉！！！

上師如意寶2000年3月份講了這部論典，我在25日翻譯圓滿，距離現在已經三年了。這次講《讚戒論》也沒有出現違緣，已經圓滿講述完畢，大家應該生起歡喜心，下面一起迴向功德……

《讚戒論淺釋・智者走向解脫之教言》講記

第
十
七
課

《讚戒論講記》問答題

第一課

1、宣講本論的必要是什麼？

2、以比喻和意義對應的方式，分析不應以暫時欲樂而破戒的道理。

第二課

3、為什麼說戒律既是佛陀又是佛法？

4、經中宣說了女人的很多過失，對這個問題應如何看待？此觀點與「一切幻化中，女幻極殊勝」等說法如何圓融？

第三課

5、破戒有哪十種過患？

6、既然破戒的過患如此之大，是不是不受戒更好？為什麼？

第四課

7、佛陀在經中是如何呵責破戒者的？請寫出相關的教證。

8、有人認為：從僧團中開除破戒者相當於喪失慈悲心。這種觀點合理嗎？為什麼？

《讚戒論淺釋‧智者走向解脫之教言》講記

第五課

9、若能無誤取捨因果、守持清淨戒律，此人臨死時會出現何種景象？

10、若未如理取捨因果而犯戒者，於臨死時會出現何種景象？

第六課

11、僅以貪心眼看少女會感受何種果報？

12、無有一分聞思修之功德，僅僅守持清淨戒律，死後會往生極樂剎土嗎？為什麼？

第七課

13、總的來講，具戒者和破戒者死後分別將轉生何處？感受何等異熟果報？

14、具淨戒者，於轉生後如何獲得飲食受用等資具？

第八課

15、作為一個修行人，對於身戒與心戒應如何圓融守護而不墮兩邊？

第九課

16、真正具有大悲心的佛子，為何不能失毀明點？

第十課

18、明點與智慧二者是否有關聯？若失毀明點，對證悟智慧是否起障礙？為什麼？

19、為什麼說，失毀明點會令眾多勇士空行放聲痛哭？

第十一課

20、相續具足何種功德才可修持方便道？依止空行母的目的是什麼？

21、修解脫道時，為什麼不需要依止空行母也能獲得成就？

第十二課

22、學習密法過程中，為什麼諸傳承上師再再要求弟子保密？

23、誠信因果對守持戒律起何作用？

第十三課

24、遣除修行違緣的最殊勝方法是什麼？為什麼？應如何祈禱？

25、以教證和公案說明僅持出家形象的殊勝功德。

《讚戒論淺釋‧智者走向解脫之教言》講記

第十四課

26、作者應何因緣寫下《讚戒論》這部論典？

27、為了生生世世守護清淨戒律，我們應如何發願？

第十五課

28、修行人為什麼應依止寂靜處？

29、何為名相修行人？相續中應如何生起出離心？

第十六課

30、什麼是世俗有緣福德資糧？什麼是勝義無緣智慧資糧？

31、大密金剛乘超勝其他乘之特法是什麼？平時應如何祈禱上師？

第十七課

32、想修學密宗首先應該做什麼？入密宗後，為何要嚴格守護誓言？

33、大圓滿與其他不了義因果乘法相比，有哪些不共的殊勝功德？

《讚戒論講記》問答題

蓮花塔

菩提塔

轉法輪塔

神變塔

八大佛塔

天降塔

和合塔

尊勝塔

涅槃塔

《讚戒論淺釋・智者走向解脫之教言》講記

233